GOTTFRIED BENN

WEINHAUS WOLF

DIE STIMME HINTER DEM VORHANG

MIT EINEM NACHWORT
VON HANS EGON HOLTHUSEN

PHILIPP RECLAM JUN. STUTTGART

Gottfried Benn
2. Mai 1886 – 7. Juli 1956

Universal-Bibliothek Nr. 8888
 Gesetzt in Borgis Garamond-Antiqua. Printed in Germany 1975. Satz: Maschinensetzerei Baumgarten, Eßlingen a. N. Druck: Reclam Stuttgart
ISBN 3-15-008888-7

WEINHAUS WOLF

Eine bestimmte Zeit meines Lebens verbrachte ich in einer mittelgroßen Stadt, fast Großstadt. Schlechtes Klima, keine Landschaft, flach alles, riesig öde. Mein Beruf hatte mich innerlich nie beschäftigt, hier gar nicht. Gerade an der Stelle, wo die feingeistigen angesehenen Männer ihren Beruf ins Öffentliche, sei es des Politischen, sei es des Weltanschaulichen übergehen fühlten und sich und ihre Arbeit aufgenommen sahen von allgemeinen und weitverbreitet denkbaren Begriffen, brach bei mir das Berufsinteresse ab. Der größte Teil meines Lebens war den Jahren nach zu Ende, und ich war mir klar darüber, daß eine große Gutwilligkeit dazu gehörte, es als fruchtbar zu erklären. Der Ausfall der meisten Leben verursachte keine Störung, auch des meinen nicht, höchstens eine Verkehrsstörung, gegebenenfalls, gegebenenunfalls, doch alle ordnenden Kräfte waren eingesetzt, eine solche abzuwenden. Reibungslos vollzog sich das Überschreiten der Zu- und Abfahrtsstraßen des Kommenden und des Verströmens.

Eine Wohnung hatte ich mir genommen, die nach hinten lag, zum Hof sah, alle Zimmer. Absicht! Einmal vertrage ich kein Licht, keine Beleuchtung durch die starken natürlichen Strahlen, dann aber auch, um verborgen zu bleiben sowohl im Hinblick auf die Männer wie auf die Frauen. Sehr höflich, war immer meine Devise, aber möglichst selten, und nie unvorbereitet. Darum hielt ich mir auch kein Telefon, um jede Verabredung unmöglich zu machen. Zu den Gesellschaftsabenden ging ich regelmäßig, erhob das Glas auf das Wohl der Herren, besprach mit den Damen die zur Diskussion stehenden Themen und ließ das Blumenmädchen nicht vorbei, ohne den Strauß der Jahreszeit für meine Nachbarin zu entnehmen. Ich glaube nicht, daß jemand darauf gekommen wäre, mich als unkorrekt zu empfinden. Natürlich war sehr viel Berechnung und Überbau dabei, aber das betraf mich ganz alleine.

Ich stammte aus der Kolonial- und Konsulatssphäre. Ich hatte den Hauptteil meines Lebens in den großen Städten der Erde verbracht, nun erschien mir ein Ort dieser Art mit seinen hunderttausend Bewohnern, drei Straßen, auf denen sich alles traf, dem halben Dutzend Restaurants, wo sich alles wiedersah, einigen Grünflächen, im März mit Krokus, im Herbst mit Geranium stimmungsvoll aufgeheitert, ganz besonders bemerkenswert. So nahe an den bürgerlichen und menschlichen Kern einer Gemeinschaft hatten mich meine Tage nie geführt, so nahe an den geschichtlichen Kern, um diesen Ausdruck einzuführen, auf den ich damals besonderes Gewicht legte. Ich ließ daher alle diese Eindrücke aufs nachhaltigste auf mich wirken, bereit, meine Grenzen zu öffnen, mich zu erneuern, noch einmal die Grundfrage der menschlichen Existenz zu überprüfen, die angesichts der geistigen Lage der weißen Völker, auf die ich während meiner Wanderjahre so gleichmäßig gestoßen war, allerdings eine ganz bestimmte Antwort in mir vorbereitet hatte.

Was berechtigte diese Völker, die übrigen zu leiten? Das war es, was ich mich fragte, was in dieser Richtung wiesen sie vor? Welches innere Bild des Menschen hatten sie entwickelt, bis in welche Tiefe des Seins und bis in welchen Umriß des Äußeren hatten sie seine Gestalt geführt? Wo standen ihre überirdischen und reinsten Geister, bis zu welcher Kälte des Urteils, bis zu welcher Härte sittlicher Entscheidungen hatten sich ihre Massen unter ihren imperialen Führern bewegt? Sie verwiesen neuerdings viel auf ihre Geschichte. Aber es gab Größe, die hatte keine Geschichte. Asien hatte keine Geschichte. Die Griechen gingen in dem Jahrhundert zugrunde, als Herodot erschien. Sie verwiesen weiter auf ihr Herrentum – Herrenrasse – gut, also wer waren diese Herren?

In dieser Richtung zu beobachten wurde ich nicht müde. Ich darf deutlicher werden und mich in Einzelheiten verlieren. Mein Gang des Abends führte mich häufig in eine kleine Weinstube, alles Stammpublikum, die Wirtin kannte ihre Leute, richtete gelegentlich an sie das Wort, eine angenehme Frau. Da saß ich oft, hinter der Maske Bilder und Erinnerungen an vergangene Jahre, Erinnerungen an Tahitis schmalen Strand, die Hütten in den Brotfruchtbäumen, an die so süße und kühle Frucht der Nüsse und an die nie schweigende Dünung vor den Riffen –; Bilder vom Broadway, noch immer im Feuer der Prärie, brandige Sonnenuntergänge am Horizont der Gassen, Erinnerungen und Bilder an alte und neue Welten, Rothäute, braune Perlentaucher, gelbe Schatten.

Es waren keineswegs Romantik, Rousseausche Rückstände, ästhetische Lamentos, die hinter diesen Bildern standen, nein, es war im Gegenteil die Vision der hellen Rasse, deren Tragödie ich in mir trug, deren Abgründe ich gefühlt hatte, als deren Vertreter ich überall erschienen war, nun hatte meine Rückkehr zu ihr und der inzwischen von ihr so betonte Begriff der Geschichte dazu geführt, sie selber entwicklungsmäßig zu betrachten, ihren Verlauf zu chiffrieren, ihrer Vergangenheit nachzufühlen, und eine Art Revue stieg manchen Abend um mich auf, eine Kulturrevue von mäßig langer Dauer, der erste Akt trug den Falken auf der Faust, der letzte hielt den Sperling in der Hand und pries ihn den Spatzen auf den Dächern.

Ein Kreis weißer Menschen, zeitlich nachantik, gehirnlich geprägt von den Erfahrungen der gräcolatinischen Humanität, Mischblut aus dem zersprengten römischen Imperium, verwilderten Merowingern, entfesselten Christen, erotisierten Päpsten, triebunterlegenen Mönchen, glühenden Mauren, rosenölimportierenden, reiherjagderregenden, luxusausströmenden Persern beschreitet den unbetretenen Weg.

Nichts in der Gesinnung anzuerkennen, das nicht durch den Gedanken gerechtfertigt ist – so nannte es später die Rasse. Nichts in der Gesinnung, nichts in der Kunst, nichts in der Religion, nichts in der Wissenschaft. Alles unterliegt den Maßstäben klarer Folgerichtigkeit von Voraussetzung, Behauptung, dann Beweis; wird emotionell geprüft am logischen Satz vom Widerspruch, wird gültig erklärt nur durch die Einsicht von der Unaufhebbarkeit der Übereinstimmung des Ganzen und der Teile. Transzendenz einer das Detail verlassenden, Verwirrung und Überladung abstreifenden, asketischen, einer sich reinigenden, einsiedlerischen Harmonie. Transzendenz aber auch mit Hilfe von Einengend-Überheblichem, Fortschrittlich-Dürrem, Sichabschnürend-Menschlichem; doch transzendent, und zwar selbst da, wo diese Lebensform ihre letzte Höhe nicht erreicht, auch in den Vorstufen und Ablegern, überall stellenweise Schwung, Selbsterregendes, Ent-Leibendes: Transzendenz, Spezialtranszendenz, Sektorenaufbruch; – Sektoren aus dem Rad Sansaras im Rausch des unendlich Möglichen mit den Deutungen in alle Richtungen der nie erkennbaren Schöpfung und der Träume. Abendländischer Sektorenaufschwung, westlerisch-nordische Spezialkombination, gehalten an das sanfte Strandleben der Südsee kompliziert und vorstellungsverfächert, an das Niealternde und Wogenhafte Chinas unaristokratisch und ruhelos. Um diese weiße Rasse handelte es sich, ihr Weitermüssen auf einem nicht zur Rückkehr mehr geeigneten, verlorenen, eisig und glühend verwitterten, von keinem Thalatta mehr umarmten Abstieg und Weg.

Es trieb mich immer näher an die Dinge heran, ihre Atmosphäre, ihre Verwurzelung, ihre Kausalität, ihr Sein. Manchen Abend saß ich da, sah um mich, es war die Weinstube, doch etwas Schräges und Versinkendes lag, schien mir, über dem Raum, er hatte die Form und Täfelung eines Schiffsinnern: Ein Torpedo, das in die Tiefe schoß – ja, dieser Eindruck drängte sich mir auf, etwas Abgleitendes, eine Gemeinschaft, die versinkt, mit Bildern wie Ölflecke, Nachzügler über den Abgründen, schlicht um schlicht.

An einem Nebentisch saßen drei Herren, aßen Ragout aus Muscheln, erzählten, scherzten mit der Wirtin, ein heiterer Kreis. „Lieber gut, aber dafür ein Jahr länger", äußerten sie, handhabten das Eßgerät, Gabeln, zwischen Brötchenabbiß, dazu Pokal, dann wieder bogen sie die Schenkel aufwärts und traten aus. An der Schulter gelöste Gliedmaßen, unten Gamaschen. Ein Hund Krause, der gewaschen werden müsse, zum bevorstehenden Fest sei die Säuberung angezeigt, kehrte immer wieder. Aschenzuwachs am Glimmstengel, Saugen, Bemerkungen hin und her – so verging ihnen der Abend, verteilte sich das Ungewisse, gliederte sich die Zeit.

Dies also waren drei Gegenwartserwählte, Genossen, Geschichtsträger, Leidenschaftsfanale, mit ihren Zügen war ihnen aufgegeben, alles auszudrücken, was die Existenz ihnen entgegenwarf: Genuß, wippiges Lachen, Niederkämpfen der Konkurrenz, wirtschaftliche Triumphe und wiederum vor den Witwen von Geschäftsfreunden Beileid.

Individualitäten! Orgasmus zu seiner Stunde, später Weihwasser, auch Teilnahme an Festen. Berufsgruppen! Besteigen nachmittags einen Zug, Geschäftsreise, Geschmack von Rauch, etwas Kühle im Coupé, Landschaft streicht vorüber, Dämmerung – Tage und Existenzen! Parallele: schuldlos geschiedene Blondine, Mann Syndikus, jetzt Broterwerb, ausgenossene Gattin.

Gespenster! Leere! Gliedloses Gewoge! Cäsarisch am Schlips: rotkariert, nicht Punkte; Eigenblust im Römer: Obstsaft, keinen Federweißen! Reize, Gewohnheiten, Verstimmungen der Höchstfall von Besonderheiten! Fruchtwerdendes, anlagemäßiges Müssen nie.

Daß ein Volk oder eine Rasse degeneriert, schien mir von jeher zu bedeuten, daß in ihnen die Zahl derjenigen Anlageträger zurückging, die mit den Möglichkeiten und in der festgelegten inneren Grundlage geboren waren, das Wesen dieser letzten und späten Art gesetzlich auszudrücken und durch alle Widerstände zu einem unbestimmten Ziel zu tragen. Welcher Art dieses Wesen war, darüber konnten Zweifel füglich nicht bestehen, doch ich will sie hier noch einmal mit meinen damaligen Formeln sagen. Das Wesen des Menschen ist die Gestaltungssphäre. Nur in der Gestaltungssphäre wird der Mensch erkenntlich, nur in ihr werden die Gründe und Hintergründe seiner Erschaffung klar, nur aus ihr seine Tierreihenstellung deutlich, Fläche in Tiefe überführen, Worte durch Beziehung und anordnendes Verwenden zu einer geistigen Welt eröffnen, Laute aneinanderketten, bis sie sich halten und Unzerstörbares besingen, dies ist ihre Tat. Völker, die den Geist in dem hausfraulichen Sinne eines durch zentrale Belieferung stillbaren Wohn-, Siedlungs- und Heimtriebs lehren, sind degeneriert. Völker, die ihn ertragen als angreifende, spaltende, lebenzersetzende Sondermacht, stehen rassisch hoch. Völker, die den Geist nur in den Siegen der Geschichte und im Gelingen von Grenzüberschreitungen erblicken, sind niedere Rasse. Völker, die ihn in alle Formen zur Gestaltungssphäre dringen lassen, sind züchterisch groß. Also die Gestaltungssphäre! Soweit hier irdische Äußerungsformen vorlagen, demnach: Individualismus, Formrausch, Differenzierungsstürme. In allen Kulturstufen bisher nur angedeutet, sporadisch in jenen großen Einzeltypen, daher noch eine völlig und tief verhüllte Macht. Spät, nämlich im Menschen erst, erschienen, war ihre Zusammenfassung zur Weltumschaffung erst in Ansätzen kaum im Gange. Hier das Leben mit seinen Manipulationen, sogenannten Handlungen, und dort das Prinzip der neuen Realität. Diesem diente die Einheit der großen, körperlich oft schwachen Rasse, jener außerhalb aller Zeiten und aller Völker. Starb sie in einem Volke aus, schoß das Torpedo in die Tiefe. Vor dem Aufschlagen aber eröffnete sich erst noch mit Festreden die Epoche der Ganzheitstriebe, der Umzüge, der Gemeinschaftskulte, die Epoche der Renaissancen, der Rückwärtsdrehungen, die Epoche der Geschichte. Rohde in „Psyche“ hatte den Ausgang des Griechentums auf seinen letzten Seiten so beschrieben. Mitten in einer solchen Epoche schienen sich mir die weißen Völker von neuem zu befinden. Der Entscheidung zu einer neuen Seinsform, nämlich zu dieser Auffassung vom Geist, waren sie alle ausgewichen. Für sie diente er dem Leben, und sie verfaßten Tragödien darüber, daß es an einigen Stellen nicht so schien. Eigentlich war er eine verdorbene Wirklichkeit. Hinunter also mit ihm, und vor der Geschichte, das heißt im nächsten Krieg, da würden sie schon siegen.

Vom Tisch der Geschäftsfreunde erhob sich die Wirtin und trat zu mir. „Was zu lesen?" „Danke, nichts zu lesen." Ich lag wie immer mit dem einen Arm auf der Lehne der Bank. „Immer so schweigsam?" „Gewohnheit!" Ich entspannte eine Muskelgruppe am Schultergürtel. „Immer so untätig?" Ich füllte tagsüber meinen Beruf aus, soll ich abends noch eine besondere Tätigkeit für das Weltall entfalten? „Die Herren meinten das in ganz bestimmtem Sinne." Ich behauptete mich in der Umwelt, was sollte denn das heißen, ich muß sagen, das war ein starkes Stück. Wenn die Herren dort nach Verlassen ihrer Häuslichkeit betrachtungsmäßig ins Allgemeine strebten, bitte sehr, aber ohne Bezug auf mich, offengestanden, ich war verblüfft. Ich ging in der Tat nicht gern zu Fuß und suchte überall die Arme aufzulegen. Oft unterließ ich einen Einkauf, da ich meinen Umriß unter einer Hutkrempe im Augenblick als zu absonderlich empfand. Vielleicht hatte ich also tatsächlich morbide Züge. Von Haus aus wollte ich ja auch Schriftsteller werden, doch um Schriftsteller zu werden, muß man vor allem seine eigene Handschrift lesen können, und daran mangelte es bei mir von je. Hinsichtlich eines Romans mußte man außerdem die Zeit anerkennen, doch das Wort enthielt keine Zeit, und ich liebte es, in Worten zu formulieren. Daher wurde ich Konsularbeamter, Auslandsposten, und Tahiti und die

Azoren glitten an mir vorüber. Sollten sie dies von meiner Stirne lesen?

Ich erschrak. Wenn sie noch Tieferes erblickten? Untätigkeit bei günstigen äußeren Lebensbedingungen, das war, wenn ich es so ausdrücken darf, in der Tat mein Ideal. Untätigkeit im allgemeinen Sinn: Kein Büro, kein pünktlicher Dienstbeginn, kein Bezugszeichen links oben auf den Akten. Keineswegs durch die Natur schweifen, ich war kein Rutengänger und Steppenwolf, mehr ein Sichauslegen mit Wurm und Angel, etwas anbeißen lassen, Eindrücke, Träume – die große Vergeudung der Stunden. Daß Goethe und Hamsun die körperliche Arbeit an der Erde als letzte Weisheit priesen, schien mir nicht besonders verbindlich in Anbetracht dessen, daß sie persönlich ihre siebzig Jahre lang sämtliche irdischen und überirdischen Dämonen an allen ihnen zur Verfügung stehenden Drüsenfeldern und Ausführungsgängen mit Hexenmilch gelabt hatten, nun wollten sie zum Schluß ihren Zwieback noch einmal in der Laube vespern – das schien mir weniger eine Weisheit als Ermüdung und ein Gähnen. Es entsprach dem Stil der „Novelle", dem berühmten Alterswerk: eine Menagerie fängt Feuer, die Buden brennen ab, die Tiger brechen aus, die Löwen sind los – und alles verläuft harmonisch. Nein, diese Epoche war vorbei, diese Erde abgebrannt, von Blitzen enthäutet, wund, heute bissen die Tiger.

Die Wirtin schickte sich an, mir gegenüber Platz zu nehmen, aber ich zögerte, darüber sichtbare Freude zu bekunden. Ich war aufgestört – tätig? – untätig? –: alle diese Tische und Gesichter schienen mir plötzlich eine bestimmte Frage aufzuwerfen, diese Gespräche, Gesten, Ausströmungen – lief denn das alles nebenher? Das Zeitalter nach Goethe, das meines war, Manfred, nicht Faust –: „Ich hab' mich selbst zerstört und werde selbst auch künftig mich zerstören" – Kunst: kein Mittel gegen Räude, sondern die Erklärung des Menschen, die Existenz täglich auf einem Giftpfeil balanciert, sein Fonds ist Krankheit, Unheilbarkeit sein Wesen –; „der Schaden der Guten ist der schädlichste Schaden" – „Leid ist die einzige Ursache von Bewußtsein" – Nihilismus – und: „Nihilismus ist ein Glücksgefühl" – was durch die Gehirne meiner Generation an Auflösung von Substanzen und Inhalten durchgespült war und täglich weiter durchspülte, dies Delta, diese Zerklüftungen, und wenn man dann diese Köpfe ansah: tadellos gefüllte Gewebe; Jochbögen, Kauflächen, nichts Regelwidriges; Haltung, Mienen, Grimassen, alles Aufwärtsbewegungen –: auf welchem dicken Fell saßen eigentlich alle diese Zusammenbrüche? Offenbar lief das alles nebenher.

Die Wirtin bemerkte mein Zögern, witterte, richtete ihre Aufmerksamkeit auf andere Personen, und nun suchten unsere Blicke gemeinsam, doch aus verschiedenen Stimmungen, die einzelnen Gruppen und Tische im Saal. Dort der hervorragende Graukopf, ein alter Oberst, war der unmittelbare Nachkomme jenes Regimentskommandeurs bei Malplaquet, der mit seiner Truppe nach der Passage von drei wasserreichen Kanälen und mit völlig durchnäßter Munition Villars in die hohe empfindliche Flanke stieß, Marlborough belohnte ihn mit einer Tabatière – der Nachfahr schwenkte gerade wie zum Angriff die geballte Hand. Der Stille vor dem Hochburgunder versicherte tagsüber Leben, nachweislich erfolggekrönt, äußerst abschlußreich, Zögernden gegenüber besonders durch das Goethewort wirkend, das im Prospekt seiner Firma einen

Ehrenplatz hatte, „was heute nicht gehandelt, ist morgen nicht getan". Den Lehnsessel vollends füllte eine Persönlichkeit des wissenschaftlichen Gedankenkreises, dem es, wie bekannt, auf Ableitungen ankam: die Schmetterlinge aus den Würmern, die Säulentempel aus den indonesischen Pfahlbauten – eine besondere Äußerungsform höherer Lebenssphäre. Alle diese waren echte Gegenwartserwählte, Erscheinungen, denen eine spätere Zeit nicht vorzuwerfen haben würde, sie seien blind vorbeigegangen beispielsweise an dem neuartigen, wundersamen und großen Geschehen, das die moderne Stoffverwandlung mit sich brachte (aus Luft und Holz glasklare Scheiben, Blöcke, Spinnfasern), lauter fertige Persönlichkeiten, in denen Lebenswendung, Berufung, innerer Wandel immer in gradliniger, einfach zu beschreibender Form vorgegangen war und vor sich gehen würde. Was war demgegenüber die Sphäre, in der ein Leben nach meinen Maßstäben verlaufen wäre?

Nichts gegen die Ordnung der Erde – doch wer Leben sagt, ist schon gerichtet – aus diesem Zwiespalt wird man nicht herauskommen, sagte sich offenbar die Wirtin und ging in die andere Hälfte des Lokals. Doch wenn ich nun weiterdachte und klar und ohne Umschweife auf mein Ziel losging: was diese hier Handeln nannten, Tätigkeit, in die ich mich gemäß der Wirtin einflechten sollte, womöglich kilometerlang in die Soziologie, wenn man hiervon das abzog, was Geschäft war, blieben nur Reflexe oder was bei den Muscheln nachwächst, um die Gallerte umweltmäßig zu sichern. Notwendigkeit kann ich darin nicht erblicken. Notwendigkeit kann ich in dem erblicken, was ein Zeitalter denkt und wie es sein Denken an die vergangene Epoche anknüpft. Notwendigkeit gibt es offenbar überhaupt nicht in der Natur, sondern nur in der Auflösung der Natur, nämlich im Geist, der ist Zwängen unterworfen, aber Handeln – das ist Vagabondage, Freiluftstil.

Wer auf dem Tiger reitet, kann nicht herab. Chinesisches Wort. Auf Handeln angewendet: es führt zu Geschichte. Handeln ist Kapitalismus, Rüstungsindustrie, Malplaquet – Borodino – Port Arthur –: hundertfünfzigtausend Tote, zweihunderttausend Tote, zweihundertfünfzigtausend Tote – niemand kann die Geschichte mehr anders sehen denn als die Begründung von Massenmorden: Raub und Verklärung –: der Mechanismus der Macht. Und was sie aufzeichnet, ist keineswegs das volkhafte Gedächtnis der Nationen, sondern ihre Witzblätter. Schlägt man sie zwanzig Jahre nachher auf, erinnert man sich an die Moden der Kriegswitwen, doch an den Sinn der Schlachten längst nicht mehr. Ein Granatsplitter als Berlocque am Bauch der Accapareurs, der Haifische, der Kriegsgewinnler, wenn sie beim Tanztee eine Nutte ködern, das bleibt, das ist Aere perennius, das überdauert die Generalstäbe, das ist der Fahnennagel der Geschichte. Ah, eine Steingeburt diese Geschichte, Sage, Traum! Was lebt nicht alles schon seinem Bartwuchs in irgendeinem Kyffhäuser: die Mandschu und die Hohenstaufen, die Tennos und Schoguns und die Wollfritzen aus Lancashire, das wächst durch alle Tischplatten ohne Bartwichse, und die Raben haben sich heiser geschrien und haben den Rachen voll und brausen ab hinter die Gebirge –: Geschichte, viel zu klassisch für diese Abstiegvölker, Talmititaniden, mehr Heroin als Heroismus, Schaum vorm Mund vom Medaillenstanzen – Ladenschwengel der Geschichte!

Wer der Gegenwart gar nichts zu bieten vermag,

der sagt Geschichte! Alles Rom, alles Rubikon! Die Fresse von Cäsaren und das Gehirn von Troglodyten, das ist ihr Typ! Kriege, Knuten, Tyrannen, Seuchen, um die Massen in Schach zu halten, darin könnte man vielleicht einen gewissen Wurf erblikken, aber Geschichte, das ist nichts für – Helden! A propos – Siege und Unsiege, Wille und Macht, was für Aufdrucke für diese Bouillonwürfel! Auf dem Tisch gratis Kolonialwaren und unter dem Tisch angeeignete Perserteppiche: das ist das Tatsächliche der Geschichte. Was sie zerstört, sind meistens Tempel, und was sie raubt, ist immer Kunst. Es geht die Reihe herum bei den Firmen und Pharaonen: die Saphire aus den Augenhöhlen der Amphitrite auf den Mantel der Madonna aus getriebenem Gold, dann zurück auf den Schwertknauf eines imperialen Colleoni. Malplaquet – Borodino – Port Arthur – kulturphilosophisch besänftigt: Schwebezustände. Doch dahinter stehen in aller Ruhe die Beauftragten der Formvernunft, die langsamen Sammler und Herbeiführer von Entscheidungen.

Wenn ich die Reihe dieser Abende überblicke, die sich durch einen bestimmten Frühling hinzog, so war es damals, daß eine eigentümlich zusammenfassende Empfindung in mir aufstieg, ich eine Erscheinung näher sah, die seit Jahrhunderten als Vorgang dalag, doch kaum ins sprachliche Bewußtsein gehoben war: Es gab innerhalb der weißen Völker zwei Klassen von Menschen, die handelnden und die tiefen, und Kunst war nichts anderes, als sich eine Methode schaffen, um die Erfahrungen des tiefen Menschen zur Sprache zu bringen, in ihr nur fand er Stillung und Laut. Es gab, mußte man fortfahren, innerhalb der weißen Rasse zwei Klassen von Vokalträgern, und beide Klassen bedienten sich infolge eines seltsamen biologischen Unterlassens vielfach gleicher Worte und Begriffe, füllten sie aber mit gegenseitig unvorstellbar fremdem, nie vermischbarem feindlichen Blut. Wie die männlichen und weiblichen Individuen dem gleichen Zeugungsakt abwechselnd entstiegen, entstieg dem Keim, der Schöpfung, der unsäglichen Ferne einmal der Geschichtliche und einmal der Zentrale, einmal der Handelnde und einmal der Tiefe, einmal das Leben und einmal der Geist. Manchmal bemüßigte ich mich, diesen Gedanken morphologisch zu variieren und ihm eine Spitze zu geben. Die Überbauung der niederen durch die höheren Zentren war der Weg der organischen Formung, das bedeutete äußerlich das Herausarbeiten der Längsachse, die immer stärkere Aufrichtung der Wirbelsäule, das bedeutete die Wanderung des Wesens nach dem Haupt. Das bedeutete innerlich die aufsteigende Hierarchie des Nervösen, bedeutete geistig das Bewußtsein und bedeutete hinsichtlich Wertfolge und Perspektive in die Zukunft eine feststehende, außer durch Mutation nicht mehr angreifbare Gliederung. Erlebnis und methodisch erarbeitetes Material wiesen gemeinsam auf das gleiche: den Geist und seine antinaturalistische Funktion. Variationen und Fuge über ein Frühlingsthema! Nicht als ob sie mich beruhigte, mich beruhigte gar nichts mehr, wie mich auch ein unvollständiger Abschluß von Gedankenreihen nicht mehr beunruhigte. Es hätte vielleicht beim nächsten Schluck Spätlese an mir gezerrt, aber es wäre hinuntergespült, versunken, und ich wäre heimgegangen, bereit der Stunde. Zuviel hatte ich abgeschlossen und wieder eröffnet gesehen, bei offenen Türen schlief ich längst, vielmehr lag und dämmerte und zählte die Schläge und die Stunden.

Seltsamer Frühling. Ich erinnere mich mancher Züge. Schwerweichender Winter. Alles immer tief belastet. Fast durch einen Dunst fuhr ich einmal vor die Stadt, ehe ich ins Weinhaus ging. Dunkle beginnende Wärme. Ungewöhnlich verhangener Nachmittag. Alles unendlich schwermütig auf die Erde herabsehend, schwer sich von ihr lösend, kaum zu trennen Laub und feuchtes Land. In der Nähe meines Ganges mußte eine Anstalt sein, deren Inhalt alles noch vertiefte. Viele Krüppel auf der Straße, Bucklige, Mißratene, auch Blinde. Überall ihr Kriechen, scheuer Schritt, Stottern und Suchen mit der Krücke. Beginn der Kastanienblüte. Eine tropische Luft, wie gesagt, stand lautlos zwischen allen Formen, eine unauflösliche Stille verband die Gestalten, alles sank, was sich erhoben hatte, alles bannte sich dem Niederen zu – Vermischung, rief es auch in mir, sengte es in meinen Augen mit Salz und Feuer, abgeben Brot – verringern Qualen – opfern fleischlich gegen Tränen und Fluch – doch wer sich beugt, was kann der noch tragen, wer sich *diesem* beugt –: es zählen nur die höchsten Sphären, und das Menschliche zählt nicht dazu. Eine erbarmungslose Höhe, unablenkbar fliegen da die Pfeile, es ist kalt, tiefblau, da gelten nur Strahlen, da gilt nur eins: erkenne die Lage, bediene dich deiner Mittel, du bist verpflichtet zu deiner Methode, wo du erschufst, kannst du nicht weichen –: Du stehst für Reiche, nicht zu deuten und in denen es keine Siege gibt.

Abends wieder im Weinhaus. Ich sitze und lausche. Lausche auf das seltsame Sein und Wesen, das aus den Stimmen der Menschen dringt. In Tibet war es der Wind, im Urwald die Insekten, hier die Vokale. Einer wollte an den Rhein, haha machte die Runde, hat viel vor, scheint sehr vergnügungssüchtig zu sein. Dem anderen war im Oktober jemand aus Amerika gekommen – aus USA! erschallte es aus dem Kreis, offenbar hielten sie das für eine Ergänzung. Unbegreiflich, warum sie so gespannt dasaßen, der Inhalt ihrer Reden war doch völlig ausweglos.

Die Bänke mit Tuch bezogen, immer je zwei traulich zu einer Kabine gruppiert, standen sich fremdkörperartig gegenüber. Belastet, umfaßten sie scharnierartig die Gäste, Jugend bei Körperschwäche, Zweifel bei Abschlüssen, Geschäft bei Liebe – Zusammentritte der Notdurft, Zufälligkeiten im Vorbeistreichen.

Seltsam das Ganze! Sie halten ihre Städte von Moskitos frei, jedenfalls habe ich weder in Irkutsk noch in Biarritz einen getroffen. Erfinderisch weisen sie sich bei bestimmten Gelegenheiten mittels Luftdruck freimütig ihre Einfälle zu: der Osten das Maschinengewehr, der Westen den Tank, und die Neue Welt den Tau des Todes, das Gas, das nach Geranium riecht. Der Geist dient dem Leben. Das Ganze nennen sie züchten. Später besuchen sie sich dann wieder. Im Anfang war die Wollust, später zu erscheinen hatte sie kaum Grund. Frauen, angeschmiegt ans Jackett des Männchens, ins Titanische stilisiert: fordernd und gewährend, gegenständlich gesehen: Möpse im Arm. Die Jacketträger: knorrig, keine Konzessionen an die Form – „leerer Formelkram" – Wirklichkeiten – ! – Pfiff –: Manege frei!

Das hatte mich durch alle Länder der Rasse gejagt, durch alle Lebensschichten und Berufe. Ich betrachtete ihre Geltung habenden Kultwerte, sogenannte Theater, und die Foyers allein richteten die ganze Epoche. Ein Publikum, das, um sich von den Schrecken der Tragödie zu erholen, zwischendurch zwanzig Minuten an Ständen mit Schinkenbroten und Weinbrandflaschen vorbeipromenieren muß und dann weitermacht, ist guillotinereif. An ihren Metaphern sollt ihr sie erkennen! Ich belauschte sie in ihren kleinen Zügen, in dem, was sie geistig schon befriedigt: Ein Pilot, das ist ein Marschall Vorwärts der Lüfte; ein pommersches Kossätendorf, das hinter einem Stall einen Entenpfuhl nicht zuschüttet, ein nordisches Venedig. Dann hörte ich auch ihre Lieder – ja die Linde ist ihr Baum: süß, innig und man kann Tee daraus kochen.

Aus mir spricht die Zersetzung, wurde mir öfter erwidert. Nein, antwortete ich, solange ich noch antwortete, aus mir spricht der abendländische Geist, der ist allerdings die Zersetzung des Lebens und der Natur, ihre Zersetzung und ihre Neusetzung aus menschlichem Gesetz, jenem anthropologischen Prinzip, das die Wasser von der Feste schied und die Propheten von den Narren. Wie denn, sagten meine Gegenüber, also doch. Sie wollen die Natur zersetzen, das ist die Höhe! Unser aller Blut und Boden? Ihre Natur, mußte ich erwidern, ist sie denn natürlich? Kann man von ihr ausgehen? Ich kann beweisen, daß sie unnatürlich ist, äußerst sprunghaft, ja, daß sie der Schulfall des Widernatürlichen ist. Sie setzt an und läßt liegen, macht Aufwand und vergißt. Sie ist zügellos und übertreibt mit massierten Fischzügen bei den Lofoten, mit Heuschreckenschwärmen, die sie vorwälzt, und mit Zikaden. Oder es ist Friede auf der Erde, alles hat die Temperatur der Steine, man kann sich wahrhaft mit dem Klima befassen, plötzlich taucht der Aaronstab auf mit 40° Celsius in seiner Blütenhülle, alles ist aufgestört und die Götter wollen Warmblüter –: geht das von der Natur aus oder von wem? Oder Fältelung, Verdichtung, unausdenkbare Konzentration ist eine ihrer Methoden, ist das eine einfache und natürliche Methode? Oder Transport immenser Spannungen auf mikroskopisch kleinstem Raum ist eine ihrer Anwandlungen – ist nun diese gang und gäbe? Das Leben als Erscheinung war doch überhaupt in der Pflanze gut untergebracht, warum es in Bewegung setzen und auf Nahrungssuche schicken – ist das nicht vielleicht ein Vorbild von Entwurzelung? Die menschliche Kreatur vollends wälzt sie doch geradezu in die Unnatur, schleudert Bakterien heraus, um sie zu vernichten, verringert ihr den Geruch, mindert ihr das Gehör, das Auge muß sich durch Gläser denaturieren, der Mensch der Zukunft ist reine Abstraktion – wo wirkt sie, die natürliche Natur? Nein, es drängt sich überall ein anderes Gesicht hervor, in den Steinen schlafend, in den Blumen blühend, in der Spätart fordernd – andere Züge, und ich gelange zu einem fremden Resultat.

Wenn ich eine Theorie entwickeln wollte, würde ich darauf hinweisen, wie die moderne Lebenslehre gerade bei ihrem augenblicklichen Stand dabei ist, das Anorganische und das Organische als zwei rückverbundene Ausdrucksformen einer höheren Einheit darzustellen, zwischen denen es keine Übergänge und Ableitungen, keine „Entstehung" des Lebens „aus" dem Anorganischen gibt oder gab, es sind zwei Kreise, zwei Ausdrucksformen. Das darf heute wissenschaftlich ausgesprochen werden, das heißt, man behält seinen Lehrstuhl dabei und die mit ihm verbundenen Güter, und die Fachzeitschriften nehmen Darstellungen dieses Inhalts auf. Es ist noch nicht Allgemeingut, aber es deutet sich an. Bis vor kurzem verlor man seinen Lehrstuhl dabei. Niemand aber darf sagen, daß ein drittes Reich die gleichen Rechte der Anschauung fordert. Das dritte Reich „dient" dem zweiten und hat sich von selbst aus ihm heraufmanipuliert. Auf dieser Theorie beruhen Jahrtausende. Es ist keine Theorie, vielmehr eine für Machthandlungen verwendungsfähige Prozeßordnung. Graphisch dargestellt, ergibt sie für das Weinhaus: Stahlstühle, Reich eins, sind belastet mit Reich zwei; Belaster genießen Ragout aus Muscheln und reden als Vokalträger Gruppe Leben; wenn sie nach Natron aufstoßen, geschieht es wissenschaftlich, damit eröffnet sich ihnen Reich drei. Unterschrift: geschichtliche Welt. Ausgangslage. Ausgangslage keineswegs im tragischen Sinne, sondern im Gegenteil: der Geschichtliche soll handeln, und der Handelnde ist gut für die Geschichte, sie sollen handeln und schichten, bis ihnen die Beutel aus den Bruchpforten treten – sie sollen sich erfüllen, sie sollen sich enthüllen – noch eine Stunde, dann ist Nacht – daglüah, gleia, glülala!

Wirft man nun noch einen Blick auf die Führer der Völker, aller und in allen Regierungsformen, so muß man sich vorstellen, sie stünden zeitlich vor dem Auftreten einer der großen Menschheitsbewegungen und hätten machtmäßig die Möglichkeit, sie zu unterdrücken. Wie verhielten sie sich? Hinsichtlich des Christentums würden sie fragen, ob es steuerpolitisch tragbar sei. Vor dem Buddhismus, wie die Schallplatten- und Fahnenindustrie dabei bestünde. Bei Mohammed, ob die Bananenernte nicht litte. Vor der Kunst, ob sie auch die Siedlungsfreudigkeit nicht untergrübe. Vor jeder Religion, ob sie nicht den Kartoffelexport verzögere. Vor der Abstraktion, dem zusammenfassenden Denken, ob es auch dem Kleinbürger die Gießkanne nicht verböge. Protoplasmaanreicherung und Rohstoffe sind ihre Maßstäbe, alles andere ist Aufreizung und erfordert Unterdrückung, übrigens schon bei Plato.

Aber immer und zu allen Zeiten hat jeder von ihnen behauptet, er sei die schöpferische Erfüllung der Weltvernunft. Offenbar liegen hier Gegensätze vor – daglüah, gleia, glülala!

Wenn nun die Tische sich gegenseitig einreden wollen, es tröste und erhebe den einzelnen, es vertiefe seine Bedeutung, ja, es verleihe ihm erst Bedeutung, daß andere in der Zukunft ebenso leben und immer neue Gestalten in dieselbe Geographie hineingeboren würden und an den gleichen Tischen herumkriechen werden und noch jahrhundertelang in den gleichen Etagen siedeln, sogenannte Nachkommenschaft, die doch nur wieder Rezidive desselben Nichts sein und werden können –: dies öffentlich einander einzureden, dies als Lehre zu verkünden, erscheint mir eine geistige Perversität, der gegenüber die verzerrtesten Ausgeburten versengter Landstriche, Fakirkünste, religiöse Bauchrhythmik, indische Eingeweide- und Leberübungen das reine Atmen von Dolden ist.

Ich sah im Weinhaus einen Traum. Ein sehr ruhiger Tierwärter führte menschliche Lebewesen weißer Hautfarbe im Kreise herum, bis sie sich verfärbten. Dann sperrte er ihnen das Gebiß auf und schrie: Geist oder Leben – Verwirklichung von Geist im Leben ist nicht mehr. – Wer ist Geist, röchelte einer? Dieser, der hier spricht, war die Antwort! – Nein, so weit möchten wir nicht gehen, es ist was Wahres dran, aber das fordert berechtigten Widerspruch heraus. – Gebiß zu – also wieder natürliches Weltbild! Da rief einer zwischen schon wieder abgesperrten Zähnen: hast du denn keine Gnade, keine Menschlichkeit, die Menschen wollen doch alle besser und schöner sein? – Die Antwort lautete: die Gnade ist nicht bei mir. Fordert Gnade bei denen, die euch hierhergeführt haben, fordert

Gnade bei euch selber, die ihr euch führen ließet, fordert sie von eurer eigenen Niedrigkeit und Gier. Immer wieder sind euch Worte gesagt worden, die euch vor dem Leben warnten. Immer wieder kam das Andere und errichtete vor euch seine Bilder – in menschlicher Gestalt, selbst in menschlicher Gestalt! Errichtete vor euch die Bilder jener Kraft, von der es zu wenig wäre zu sagen, daß sie religiöser oder moralischer Natur sei, es ist die allgemeine formenwollende, fordernde, aufrichtende Kraft, von der man allerdings gestehen muß, daß sie in ihrem unendlichen Aspekt den Himmel wie die Hölle umfaßt, und die doch auf alle dämmenden und ordnenden Züge des Menschen so sichtbar blickt und die allmählich ansteigenden und immer so schwer erkämpften Errungenschaften des Himmels so besonders beleuchtet. – Habt ihr sie angebetet? Habt ihr sie gehütet? Leben wolltet ihr, euer weißes, erfülltes, sich verwirklichendes Leben im Prunk der Derbys und im Schnee der Regatten – jetzt kommt keine Gnade mehr, jetzt kommt die Nacht.

Jeder sieht, daß die Wahrheit, die hier im Weinhaus zwischen den Fässern auftaucht, eine außermenschliche Wahrheit ist. Sie ist dazu noch in der besonderen Lage, daß sie ihre Verallgemeinerung selbst aufs leidenschaftlichste bekämpfen, ihre Projektion in die Zeit, ihre Überprüfung auf Verwirklichung als entschiedensten Fehlgriff bezeichnen müßte. Verwirklichung ist ein Begriff, den sie ausschließt, dem sie sich wissentlich entzieht, wo sie ihn auftauchen sieht, senkt sie den Blick. Ist es also überhaupt eine Wahrheit? Ist sie nicht vielleicht eine Unwahrheit für alle, nämlich eine verfrühte Nachricht und eine Chiffre nur für ganz Bestimmte?

Für ganz Bestimmte? Demnach für Esoterische, Zersetzte, Klüngel, Destruktive, Abgespaltene, Asoziale, Einzelgänger, Intellektualisten, Gezeichnete? Betrachten wir die Frage im Zwielicht der Wahrheit zwischen unseren Fässern. Wenn man die weißen Völker im Verlauf ihrer letzten fünfhundert Jahre überblickt und einen Maßstab sucht für den Rang ihrer großen Geister, läßt sich nichts anderes dafür erkennen als der Grad von Nihilismus, den sie unaufhebbar in sich trugen und durch die Bruchstücke ihrer Werke anfallsweise überdeckten. Alle großen Geister der weißen Völker haben, das ist ganz offenbar, nur die eine innere Aufgabe empfunden, ihren Nihilismus schöpferisch zu überdecken. Dieses Grundgefühl, das sich mit den verschiedensten zeitgebundenen Strömungen durchflocht – mit dem religiösen bei Dürer, dem moralischen bei Tolstoi, dem erkenntnismäßigen bei Kant, dem anthropologischen bei Goethe, dem kapitalistischen bei Balzac –, war das Grundelement aller ihrer Arbeiten. Ungeheuer vorsichtig wird es immer wieder vorgebracht. Mit Fragen zweideutiger Art, mit Wendungen höchst abtastenden, doppelsinnigen Charakters nähern sie sich ihm auf jeder Seite, in jedem Kapitel, innerhalb jeden Strichs. Keinen Augenblick sind sie sich im unklaren über das Wesen ihrer inneren schöpferischen Substanz. Das Abgründige ist es, die Leere, das Resultatlose, das Kalte, das Unmenschliche. Nietzsche wirkt in dieser Reihe lange als idealistischer Antinous. Noch Zarathustra – was für ein Naturbursche, was für ein Züchtungsoptimismus, was für eine flache Utopie vom Geist und seiner Verwirklichung! Erst im letzten Stadium des Ecce-homo und der lyrischen Bruchstücke läßt er den anderen Tatbestand in seinem Bewußtsein hoch, und das, darf man annehmen, war dann der Zusammenbruch, daß er von der Brücke in jener braunen Nacht in den Abgrund sah, den Abgrund sah, spät – für seinen Organismus und sein Prophetentum zu spät. Auf dieser Brücke und in dieser Nacht erhob sich auf Fledermausflügeln eine Abendgestalt, spaltete sich die Erde, entwand ein Zeitalter dem anderen seine Zeichen, und jene Antithese von Leben und Geist erhob sich, die wir so lange in uns trugen, die wir aber heute schon wieder jenseits der Erde sehen.

Was ist es, das wir jenseits der Erde sehen? Betrachten wir dazu noch einen Augenblick die letzten hundert Jahre, das Jahrhundert um Nietzsche, die Laboratorien und die Kerker zwischen Sibirien und Marokko, so steht doch von Dostojewski bis Céline der Geist in einer reinen Verzweiflungsstellung da, seine Schreie sind furchtbarer, gequälter, böser als je die Schreie von Todgeweihten. Sie sind moralischer Art, inhaltsbestimmt und substantiell, immer Schrei „gegen“, im Kampf „mit“, im Ringen „um“, sie wollen einbeziehen „alles“ und ehrlich bleiben, bessern, vollenden, reinigen, ja göttlich machen. Es sind lutherische Schreie in einem faustischen Getümmel. Bis in sie hinein reicht Mythenpubertät, Promethidenbiologie. Erst heute dämmert vor so viel Widersinn und Qual die Ahnung davon auf, daß das Leben gar nicht in den Besitz von Erkenntnis gelangen, der Mensch, jedenfalls die höhere Rasse, gar nicht um inhaltliche Stofferklärungen ringen sollte. Es sieht vielmehr alles nach einem versuchsweisen Schritt der Ferne aus, die die Formel für ein ungeheuerliches Alkaloid preisgab, aber die Substanz selber völlig rein bewahrte. Auch heute unverändert völlig rein bewahrt, einen Kampf dieser Art gar nicht vorsah, eine weitere Preisgabe innerhalb der Zeit gänzlich außer Betracht ließ. Auf Abgrenzung sollte der Versuch weisen, abstraktive Ausscheidung, Formel gegen die Natur. Nicht das Leben durch Erkenntnisreize biologisch steigern und züchterisch vollenden, sondern gegen das Leben ansetzen den formenden und formelhaften Geist. Es ist demnach nicht die faustisch-physiologische, sondern die antinaturalistische Funktion des Geistes, seine Expressive, die wir heute über der Erde sehen.

Es ist die Ausgangslage. Wir müssen die Geschichte und die Zeit für diese Feststellung bemühen. Es handelt sich nicht um Züchtung in eine nicht mehr erwartbare und auch nicht mehr verwertbare Zukunft, sondern um Haltung in einer nur noch abstraktiv erlebbaren, finalen Gegenwart. So lautet die Chiffre. Hier halten die Bestimmten: vor den fernen Zeichen, den sich nähernden, als die unsichtbaren Träger der Verwandlung.

Dies sagt ein lebenslänglicher Sachbearbeiter von Wirklichkeiten, Kenner des Körpers, des Krieges und des Todes, Vertreter mehrerer Berufe, alle aus dem Bauchfett des Kapitalismus herausgeschnitten, und jeden durchgearbeitet bis in die letzte handwerkliche Finesse infolge der persönlichen Notwendigkeit, Existenzmittel aus ihnen herauszuholen. Einer, der immer lebte, die Rippen eng angepreßt an bestimmte Aufgaben, Lieferungen, Verträge, konjunkturgegebene Lagen, ohne Raum für Schwärmerei und als Verächter jeder Illusion. Einer, der im gesellschaftlichen Stil seines Jahrhunderts lebte, er hatte Zeiten im Frack und Zeiten in großer Uniform, der im Train bleu reiste und in Karawanen neben ihm ein Rurik und ein Rochefoucauld (kürzlich auf einer Fähre saß neben ihm die letzte Romanow). Der eine Österreicherin liebte, eine Tschechin, Rumänin, Belgierin, Dänin, eine Frau aus Kapstadt, ein Mischblut aus der Südsee, Russinnen an Küsten, Sunden, Salzseen, in vielen Landschaften und aus vielen Stämmen, in Ritzappartements und in Zelten. Also, sagen wir, ein Durchschnittsleben, Arbeit und Mühe und ein zeitgebundenes Erkennen – dieses sagt: keine Propaganda kann Exkremente in Maiglöckchen verwandeln. Die weißen Völker sind im Ausgangsstadium, ganz gleich, ob die Theorien über ihren Untergang heute Geltung haben oder nicht. Die Auflösung ist greifbar, eine Rückführung auf frühere Zustände unmöglich, die Substanz ist abgegeben, hier gilt das zweite Wärmegesetz. Die neue Macht steht da, die Zündschnur am Feuerzeug. Ob Mondsturz oder Atomzertrümmerung, Vereisung oder roter Hahn – welche Methode immer sie beliebt, die Verwandlung, das Ewige, der Geist, der Gegenspieler der platten Vernünftigkeit und des reinen Konsums, zusammengefaßt: des natürlichen Weltbilds.

Also laßt sie regenerieren vom Volkswirtschaftlichen aus und vom Biologischen aus und von der Rohkost aus, das sind ja alles Schemen der Vernichtung. Die Rasse fühlt weiter, sie paßt sich dem nicht mehr an, sie ist unbeweglich geworden, sie bleibt um ihren Kern herum liegen, und dieser Kern ist der Geist, das heißt der Nihilismus.

Wer diesen Gedanken nicht erträgt, steht unter den Würmern, die nisten im Sand und im Feuchten, das die Erde ihnen auferlegt. Wer sich noch einer Hoffnung rühmt, indem er seinen Kindern ins Auge blickt, deckt den Blitz mit seinen Händen und kann sich doch der Nacht nicht entziehn, die die Völker wegnimmt von ihren Stätten. Dies ist das Gesetz: Nichts ist, wenn je etwas war, nichts wird sein. Der schönste und der tiefste Gott geht vorüber, der einzige, der das Geheimnis des Menschen trug:

je größer die Erkenntnis, um so unendlicher das Leid.

Es gibt keine Verwirklichung. Der Geist liegt schweigend über den Wassern. Ein Weg ist ausgegangen, ein Urtag sinkt, vielleicht barg er andere Möglichkeiten als diese Abendstunde, aber nun ist sie da – ecce homo – so endet der Mensch.

Das waren meine Gedanken in jenem Frühling. Ich wußte, es würden neue Frühlinge kommen, vielleicht würde ich selber noch einen sehen, volle Schönheit auf Wochen hinaus, in großer Vielfalt das Aufblättern und Erschließen, es würden Rosen für diesen und jenen blühen, aber diese Erkenntnis war nicht mehr zu verdrängen: die Geschichte war machtlos geworden gegenüber dem Menschen, sein Kern war noch einmal auferglüht, der hatte ein Wort geschrieben auf sein Kleid und einen Namen auf seine Hüfte.

Sie werden anrücken, aber er schmilzt sie ein. Sie nahen mit Nägeln und Rückenmessern, und er hebt nur einen Ysop und einen Schierlingsbecher. Weites tausendjähriges Schlachtfeld, und er siegt. Nur nicht handeln! Wisse das und schweige. Asien ist tiefer, aber verbirg es! Stelle dich geistig den Dingen, es wird weitergetragen, es prägt mit am Sein. Öffne deine Blicke nur der Nacht, des Tags erhebe das Glas auf das Wohl der Herren, besprich mit den Damen die zur Diskussion stehenden Themen und laß das Blumenmädchen nicht vorbei, entnimm ihm Sträuße. Lebe und beobachte es zu Ende. Denke immer: die Verwandlung! Auch wir haben Zeichen! Man muß sehr viel sein, um nichts mehr auszudrükken. Schweige und gehe dahin.

DIE STIMME HINTER DEM VORHANG

I

DIE BEISPIELE

ALFRED

Weiche hinter deinen Vorhang, großer Vater, es ist besser, man sieht sich nicht ins Auge. Dort kannst du deine Pfeife schmauchen oder deinen Bart streicheln, auch ein Nickerchen machen, wenn es dich langweilt, und ich persönlich rede gerne gegen eine Wand, sie ist der natürliche Zuhörer. Wenn du dich bemerkbar machen willst, läute. Ich habe dir zwei Glocken hingestellt, verschieden abgestuft. Die hellere heißt: schneller, nicht so viel Details, die sonore: etwas langsamer, mehr Vertiefung. Läutest du beide, will es sagen: Du streifst das Kosmische, finde nicht etwa heim. Ich beginne – sela.
Ich bin Alfred, dein Erstgeborener. Du nanntest uns nach dem Alphabet. Berthold ist noch nicht da, kommt später, er weiß noch nicht, was er vortragen soll, was sich gerade nach vorne drängt, es geht alles durcheinander. Das Programm lautet, was sagt der Erzeuger zu seinen Söhnen und Töchtern – heutzutage. Erzeugungsjahre liegen zwischen dreißig und sechzig Jahren zurück. Etwas frisiert wird ja die Sache werden, aber man soll ja auch kein Kauderwelsch reden. Ich persönlich befinde mich in der besonderen Lage, daß ich das, was ich aussprechen möchte und aussprechen könnte, nicht mehr aussprechen mag. Also von vornherein ein Kompromiß. Entweder nämlich wälzt sich die Sache von

selber weiter, dann braucht man nicht zu reden, oder sie muß gestoßen werden, und dann möchte nicht ich es sein, der es täte.
Wenn in allem das Heilige ist, müssen wir es suchen. Wenn es große Gebote gibt, müssen wir uns fragen, wie wir dazu stehen. Wenn es Rufe aus fernen Welten gibt, müssen wir uns bemühen, sie zu erlauschen – „müssen" und „ferne Welten" – spricht schon der Versucher?
Im Augenblick beschäftigen mich die Fehltritte in glücklichen Ehen. Treue ist ein so ungeheuer innerer Prozeß, daß man ihn überhaupt nicht lehren oder verkünden kann. Für die Praxis gilt meine Maxime: gute Regie ist besser als Treue. Den Partner schonen, nicht merken lassen, kein Wirklichkeitsfanatismus an dieser Stelle! Aber wenn es nun mit einem durchgeht –
Hallo, da kommt ja Cilly, C wie Chérie, also Nummer drei – Cilly, kann eine Frau zwei Männer lieben?

CILLY

Das kann sie unbedingt.

ALFRED

Aber wenn sie den einen wirklich liebt, mit ihm verschmilzt, Wachs in seiner Hand ist, kann sie dann noch einen anderen lieben?

CILLY

Das kann sie unbedingt.

ALFRED

Wie macht sie das?

CILLY

Vielleicht ist der eine alt und der andere jung, vielleicht ist der eine ein Gott und der andere ein Mensch. Sie wird sich immer ungeheuer geschmeichelt fühlen, wenn der Gott sie begattet, aber sie wird immer mit dem anderen gehen. Es ist ausgeschlossen für einen Mann, auf Liebe zu rechnen, wenn er nicht über gewisse Banalitäten verfügt, vor allem muß er immer da sein, und die Götter haben so viel Aufsichtsratposten – gottweißwo alles.

ALFRED

Wenn in allem das Heilige ist, wird es auch in der Sinnlichkeit sein.

CILLY

Kannst du dir einen Prokuristen oder einen Abgeordneten sinnlich vorstellen? Das Wort stammt aus dem Zeitalter der Aphrodite.

DIE STIMME

Keinen Historismus! Konkrete Beispiele!

BEISPIEL I

Ich bin der Mann über sechzig Jahre, denken Sie, daß ich mir die letzten Monate von meiner Frau verkümmern lasse? Nette Person, aber hier geht's um Weiterungen. Wenn es zu Ende geht, muß man in den Rinnstein kriechen, dann fällt man nicht mehr tief. Was kann einem denn noch passieren? Ehescheidung? Delirium? Kindbettfieber scheidet sowieso aus – der Tod ist eine solche infame Sache, wer einem das anzubieten wagt als Ausklangsfülle, der hat einen schiefen Taktstock.

ALFRED

Einwandfrei, was der Mann sagt. Cilly, was meinst du?

CILLY

Erst mal weiterhören.

BEISPIEL I

Und mit welchen Kalibern hat man diese sechzig Jahre verbracht? Gehen Sie doch bloß mal durch die Straßen – was für ein Affentheater! Die Restaurateure stehen vor der Tür und möchten, daß die Vorübergehenden Durst und Hunger haben, die Zahnärzte, daß die Pulpa eitert, die Schuhfabrikanten, daß das Oberleder platzt, die Geistlichen, daß die Hölle deutlicher hervortritt, die Juristen schreien nach Mord – alle schreien nach Rollen, großen, abendfüllenden mit Erträgnissen und Lorbeerähnlichem, keiner kann in Ruhe sagen: Ihr könnt mir alle, oder wie Tao es ausdrückt: Wirke durch dein Wesen. Dabei sind es alle keine niederziehenden Menschen, eher entgegenkommende Leute, Naturliebhaber, sie möchten an den Königssee, mit steilen Felsenwänden.

CILLY

Da liegt was drin.

BEISPIEL I

Mit so was haben Sie die Jahre verbracht. Gesichter, Gesichter! Seh' ich da einen Herrn ins Lokal kommen, hat ein wunderbares Cachenez, gesteppte Handschuhe, zieht alles so aufmerksam aus, glättet es förmlich alles an die Haken, als ob es die Epoche halten würde. Sitzt dann auch so selbstgefällig da, der Mond wird offenbar für ihn aufs Spalier gezogen. Ein Konglomerat das Ganze – Zähne 'raus, Mandeln 'raus, Blinddarm 'raus, Gebärmutter 'raus, geprägte Form, die prophylaktisch sich zerstückelt. Und am Nebentisch wie ist der Herr froh, wenn ein Freund der Gattin ans Knie faßt – eine Art Bestätigung. Nach meiner Meinung sind das alles Schrottdiebe, Buntmetallkaschuben, gehen auf die Toilette, montieren die Pissoirs in den Rucksack – Schnaps durch die Gurgel, Fäulnis in der Leber, Zucker aus der Harnröhre –, aber nun der fromme Mensch, der alles abründet – wohl ihm – zu einem sinnvollen Erlebnis, ist denn das der fromme Mensch? – nein, er ist nur der beschränkte –

DIE STIMME

Abwarten!

BEISPIEL I

Also nun haben diese Wesen Gesichter, tragen sie vor sich her durch die Anlagen, in der Wohnstube, auf Reisen – Fronten sind das! Gierig, zerfetzt, grau von Nichtgelingen und Notdurft, und da wissen Sie ein Gesicht, das Sie nahe haben möchten, trinken möchten, ein einziges Gesicht, ein bestimmtes Gesicht – meinen Sie, daß ich mich davon abhalten lassen würde, zu ihm zu gehen? Wenn das Heilige in allem ist –

BERTHOLD

Ich habe das letzte mitangehört. Aber wie wäre es, wenn Sie einmal mit Ihrer Frau sprächen? Vielleicht ist sie gar nicht so beschränkt, wie Sie denken –

BEISPIEL I

Ich fürchte, dann verlöre das Ganze seine Spannung.

CILLY

Aber wissen Sie, Sie haben, unter uns gesagt, auch ein Gesicht –

BERTHOLD

Ist nicht auch das Heilige nur eine Abstraktion mit Orgelbässen?

DIE STIMME

Darüber später. Berthold, deine Beispiele!

BEISPIEL II

Ich bin der Pensionär, Reichsversorgungsgesetz – nicht viel, aber hinreichend für ein schönes Drohnenleben. Beginnt der Tag mit Regen: Du kannst zu Hause bleiben. Beginnt der Tag mit Sonne: Man setzt sich auf die Bank. Alt – schon, aber erst sollen die anderen sterben, es sind noch viele da. Ich muß Verdienste haben oder gehabt haben, daß man mich so pflegt – vergessen –, heute schubbert man richtig durch die Tage, da ein Blick hin, dort ein Blick hin, und man fragt sich: Welches ist nun die Bestimmung des Menschen? Fahrten wie Odysseus, sieben Jahre Kalypso, mit Circe in der Hängematte, Nausikaa ins Auge geblickt – oder das Polareis beklopft wie Nansen, oder fünfzig Jahre Büro mit den Grundsätzen der alten Schule: strikte Innehaltung des Urlaubs und pünktliche Abholung des Gehalts? Gestern habe ich mir ein Paar Schuheinlagen verschreiben lassen – nicht, als ob ich ohne sie nicht gehen könnte, aber das Hin und Her vertreibt die Zeit.

BEISPIEL III

Ich bin die Inhaberin eines Salons, Sie verstehen schon, nicht als ob ich unsittlich wäre, aber die Herren haben bestimmte Wünsche, und man hat alle Hände voll zu tun, daß alles klappt, abends ist man wahrhaftig wie aus dem Wasser gezogen. Im wesentlichen Vormittagsbetrieb – ein Sprung vom Büro oder vom Lieferwagen – bitte etwas entfernt parken! –, die meisten sind einfach, aber dann kommt einer und will die Schülersituation mit Langschäftern und Rohrstock. Witterung, meine Damen! Einige Herren wünschen als Einleitung gebildete Unterhaltung – Meran oder so –, ich meine dazu: Wenn eine Frau klug ist, ist das ganz schön, aber wenn sie es nicht ist, ist das für das Spiel ebenso unbeachtlich, als wenn ein Geiger heiser ist. Meine Damen sind nicht unzufrieden bei mir, nur manchmal murren sie: so viel Laufmaschen; die Ritter haben nicht alle gepflegte Hände. Vier Paar Perlon in der Woche, das kann man nicht als Werbekosten angeben wie beim Finanzamt. Einige Herren kommen morgens früh um acht, das hängt wohl mit ihren geschäftlichen Konstellationen zusammen, so erlebt man das Auf und Ab von Handel und Industrie.

BEISPIEL IV

Ich bin der Hauswirt, nichts für ungut. Ein Mietshaus heil durch den Krieg gerettet und eine elegante Villa mit Grundstück desgleichen, letztere dann gut verkauft. Blödes Mieterpack! Immer im Keller gesessen, Posten aufgestellt, die Brandbomben gelöscht – unsereins konnte sich in gesundheitlich günstigeren Gegenden aufhalten. Jetzt wollen die Kakerlaken Warmwasser, wohl sogar die Untermieter, könnte ihnen passen, sich in meinen Heizströmen leiblich zu reinigen, müßte drei Rohre reparieren – – und mein neues Landhaus in Düsseldorf? Im Zimmer, wo ich die Querulanten empfange, ein zerrissener Sessel – nehmen Sie Platz, Vorsicht,- da sehen Sie, wie ich alles für Sie opfere. Aber wenn sie frech werden, regnet durch und so weiter – Auftreten! Er hat noch nie die Furchtsamen beglückt, der alte Gott – jeden Abend bete ich im Sinne Dehmels: gib sie mir, gib sie mir – die Mietserhöhung.

DIE STIMME

Ganz nette Typen – alle etwas beschränkt. Am freiesten der Pensionär, das mit Circe in der Hängematte will ich nachlesen.

ALFRED

Und in allem ist das Heilige. Das muß man sich merken. Alles, was geworden ist: Pyramiden, Märtyrer, Dome, Präludien ist auch in ihnen. Wie reimt sich das zusammen? Eine große Verwobenheit muß irgendwo bestehen. Für eine Weile ist alles zu Ende, und nach einer Weile ist alles wieder da. Man kann nicht aufhören und man kann nicht anfangen. Im Winter beginnt etwas anders als im Sommer. Im Sommer dringt etwas Intensiveres durch alle Ritzen, im Winter weniger. Aber immer haben wir den Sack überm Kopf und tasten uns höchstens weiter.

BERTHOLD

Man weiß aber auch zu wenig. Erfuhr ich doch erst in meinem fünfzigsten Lebensjahr etwas über Mausefallen. Die müssen different behandelt werden: Für Feldmäuse, die gegen menschliche Witterung sehr empfindlich sind, müssen sie nach erfolgreicher Benutzung ausgekocht werden, während die kleine Hausmaus und die große Brandmaus als echte Haustiere das nicht verlangen. Enorme Erfahrungen stehen dahinter bei Mensch und Maus, Beobachtungen, Vergleiche, Maßnahmen und Instinkte, eine Welt für sich, und sie war mir fremd geblieben.

DONATH

Auch mit den inneren Dingen steht es so. Haben

Sie schon einmal erlebt, wie aus schwachen, fast geringgeschätzten Menschen Ihnen eine große Kraft erblüht? Sie sind verbandelt mit einer Kellnerin, bedient Gäste, unfreie Persönlichkeit, es entstehen Krisen, Spaltungen, Doppelzüngigkeiten, ja Zusammenbrüche. Und plötzlich nehmen Sie aus dieser unfertigen Hand, die Tische deckt, Geschirr ranträgt, Gläser vorsetzt, eine wirkliche Wärme, einen Zustrom entgegen, und Sie kommen weiter.

ALFRED

Und dies Sichausbreiten von zarten Dingen. 1738 wurde die Kamelie aus Japan eingeführt – was für Frühlingszeiten! Eine Blume eingeführt! Jetzt gibt es die Kameliendame, die jeder kennt, La Dame aux camélias – Trauerarien, herzzerreißende Synkopen – manchmal versinke ich in Kamelien, ihrem Namen, im Süden im Freien, der Strauch im Topf, den man nicht anrühren darf, plötzlich fällt die Blüte ab, schlägt hart herunter, man hört es – ein Traum dahin – ich breche zusammen.

DIE STIMME

Zart, zarter, am zartesten. Keine weichen Stellen!

BEISPIEL I

Um noch mal von mir zu reden, alles vergeudet, die Kraft zu Ende, aber noch einmal dies Gesicht, das ich erwähnte, versinken sehn, sie schließt die Augen – sein Innerstes von sich schleudern, glühend und heimlich, und in der Nähe die Wärme und die Klarheit und das Glück. Sie lieben vielleicht Ihre Frau, aber wenn Sie bei der anderen sind, werden Sie von ihr hingerissen, und wenn Sie allein sind, denken Sie an keine von beiden. Die eine steht Ihnen nahe wie Ihre Weste und die andere wie Ihre Krawatte, und Sie können doch bestimmt nicht unbekleidet gehen –

BEISPIEL III

Vielleicht kann ich Ihnen in aller Demut dienen, sagen Sie mir Ihren Typ, die Stimmung dieses Gesichts, sein Drum und Dran, rotblond oder Pfeffer und Salz, und der Nacken, der Nacken –

BEISPIEL II

Sie rühren da an ein seltsames Problem. Der Körper ist es nicht, der Geist noch weniger, eine meiner größten Leidenschaften hatte nie den Namen Nietzsche gehört, und ich bin ein Spatengehirn, ich grabe um. Ich habe die schönsten, die klügsten, die zauberhaftesten Frauen gesehn und blieb doch bei ihnen nicht bis zum Ende. Aber auch Minderwertiges verliert in diesem Zusammenhang seinen Sinn und bekommt andere Gewichte. Was ist also das Ganze? Ein Anfall, ein Vorfall, ein Zufall –

BEISPIEL III

Ein Unfall.

BEISPIEL I

Dann müßte es dagegen Versicherungen geben.

BEISPIEL III

Mein Salon ist eine Versicherung und bei bürgerlichen Preisen..

ALFRED, BERTHOLD, DONATH

Nun wollen wir die Arien singen.

ALFRED

Noch einmal so sein wie früher: unverantwortlich und nicht das Ende wissen, das Fleisch fühlen:

Durst, Zärtlichkeit, Erobern, Verlieren, hinüberlangen in jenes andere – in was? Abends dasitzen, in den Schlund der Nacht sehn, er verengert sich, aber am Grund sind Blumen, es duftet herauf, kurz und zitternd, dahinter natürlich die Verwesung, dann ist es ganz dunkel und du weißt wieder dein Teil, wirfst dein Geld hin und gehst –

BERTHOLD

Früh stehen Hortensien vor dem Fenster der Badestube, rosa Köpfe, eine äußerst lautlose Blume, es ist die Morgenröte, die mich in ihnen begrüßt. Manchmal kam schon eine Melodie aus einem der Häuser, teilweise sogar schon ganz orgiastisch – das waren die Sommer. Es erscheint mir jetzt ganz unverantwortlich, daß es so was gibt, was doch auch andere sahen und sehen werden, später und einst und immer wieder – es sollte einem so unwiederbringlich Verlorenes nie vor Augen kommen.

DONATH

Oder es ist tropisch, die Luft befeuchtet Ihnen die Haut, die Getränke die Gewebe. Dieser Dunst! Immer führt er meine Gedanken zu Frühzeiten, vor Farnblätter und Bildungen von Flözen. Am Nebentisch wiederum drängen sich Salatplatten und Coca-Cola ins Auge – so ergänzt sich das Leben und versucht ein Gesamtbild. Aber immer gleitet man von allen Dingen nach vorwärts, nach rückwärts in eine unpersönliche Ferne.
Das Augenblickliche – und nichts halten können, herumsehen und alles läuft weiter. Sie lieben eine Frau, Sie sind bei ihr, Sie lieben sie wirklich, nichts als Sie beide, keine Welt, nur die Nacht und die Worte zwischen Ihnen beiden, diese Worte von gottweißwoher, die ersten Worte wie aus Eden, die

letzten Worte, die sowohl binden wie zerstören – ich sagte, keine Welt ist da, nur Sie beide –, aber wo das Kissen aufhört, was schlägt Sie da ins Auge? Ich frage Sie, ich will nichts sagen –

(Beide Glocken läuten.)

ALFRED, BERTHOLD, DONATH

Wieso kosmisch? Das verstehe ich nicht.

DIE STIMME

Pardon, ich war eingeschlafen und warf sie auf die Erde.

ALFRED

Sie sehen durch eine Balkontür über Geranien in die Nacht. Nun fächert sie sich vor Ihrem Tiefblick: oben die weißen Nächte Stockholms; in Sevilla tanzen sie Fandango, die Rose im Haar; in Charleston werfen die Damen und Herren die Zigaretten in die Hibiskuskübel und strömen in den Zuschauerraum zurück – alles wie immer, kein Wechsel in den Breiten, wieviel lange Dinge gibt es, nur bei Ihnen ist es sicher, daß Sie den Rauch nicht unbegrenzt durch die Nase blasen werden.

BERTHOLD

Mit beschränkten Mitteln, ohne Natur, wohnen Sie in einem Stadtteil, der an Sommersonntagen öde daliegt. Müssen Sie sich dann noch eingestehen, daß selbst solche Sommersonntage nur noch wenige sein werden, entsteht ein Druck. Dann fahren Sie hoch, begeben sich an einen der schönen Seen, überfüllt, aber Wasser und Segel und Dunst – die Haut entzündet sich, der Wind streift über Ihre Teile, fremdes Wesen, es ist das andere, die Natur – auch die braunen langen Beine von weiblichen Lässigkeiten in Körben und Stühlen beschäftigen Sie ablenkend, schöne Stunden, freie und ermüdend, aber eben: Stunden – doch das Ganze, woran halten Sie sich da?

DONATH

Oder Sie streichen an einer Terrasse vorbei, alles besetzt. Die Gesichter der Damen geben sich hin an die Nacht, an den Mann, an die Liebe, die Facies der Herren ist geschmeidig und imposant. Weich diese Gesichter der Damen, schmerzlich, gebeugt und süß dem Schicksal entgegen. So verlaufen die Nächte. Gläubigkeit, Liebe, Schmerzbereitschaft aus einem großen Gefühl – dann verfällt es, sei es aus Zeitvergänglichkeit oder frühem Betrug.

CILLY

Ihr seid ja blöd. Sprecht mal über mein braunes Kostüm, kann ich den Mantel noch tragen oder sieht der Rock vor – und dann die neuen Muffen, alles andere kommt von selbst, wir machen ja gar keine Schwierigkeiten.

ALFRED

Zum Ansehen ist manches zu schön und zum Ausdeuten manches zu wenig – es besteht ein leidvolles Dilemma zwischen Blick und Hirngespinst.

BERTHOLD

Oder der Mond steht sonderbar am Himmel, im Verwelken, aber noch groß. Über allen Straßen sein riesiges Oval, es mahnt Sie an Stürme, Welken, an Enden und verdunkelte Stunden. Dort möchten Sie helfen und Glück bringen, aber dann verletzen Sie Ihr Inneres, das auf Berauschung und eigenes Entzücken zielt, auf Gestaltung und auf Vollendung. Gezwungen zu einem Wort des Mitleids zu unrechter Zeit an einen anderen, zerstören Sie alles, und

die Leere ist wieder da – diese unbegreifliche Schwachheit über allem, diese Welt der Güte einerseits und andererseits etwas, das unberührbar bleiben möchte.
Großer Vater, sagen Sie ein Wort.

DIE STIMME

Was soll denn sein?

DONATH

Oder gewisse Herbstabende, Nebel und dahinter etwas Goldgelb, eine Brücke verliert sich und verschleiert ihre Bögen. Tritt zurück, sagt die eine Stimme, mache dich weit für die Verluste – behalte dich, sagt die andere, führe über alles weiter deinen sammelnden Blick.

BEISPIEL I

Lassen Sie mich mitsingen. Da ist eine Tanzfläche, ein weiches Paar, die Füße gehen konform, in der Mitte züngeln sie umeinander, oben bereits Vermischung, er singt den Text mit in ihren Mund, der Mund hat weiße Zähne, er läßt sie unter seinen Armen durchtanzen – das ist süßer als Orgasmus.

BEISPIEL III

Wenn das nicht sinnlich ist –

BERTHOLD

Beispiel I, was sind Sie von Beruf?

BEISPIEL I

Obsthändler – saure Trauben und Pferdeäpfel.

DIE STIMME

Die große Verwobenheit – so soll es sein.

II

DIE SONNTAGSZEITUNG

EMIL

Großer Vater, ich bringe dir eine Sonntagszeitung, der Tag des Herrn ist untergebracht, wenn du durch bist; sie liefert Mensch und Tier und grünes Kraut, sie enthält alle seine Werke. Diese Sonntagszeitungen sind enorm! Sie orientieren dich über das kleine und das große Licht, den Nebel, der das Land feuchtet, die Wasser des Mohrenlandes und das Wasser des Hiddekel, sie vertreten den Baum des Lebens und den Baum der Erkenntnis, sie werden den sieben Schöpfungstagen gerecht auf nur sechsunddreißig Seiten.

Wir bedürfen der Inhalte, wenn wir weiterwollen, nur aus Produktivität regeneriert sich das Formwollende nicht, es bedarf der Stoffe. Viele Jahre lebt der Künstler gleichmäßig, gleichgültig, still dahin und schöpft aus seinen Beständen. Aber dann können nur Erschütterungen ihn weiterführen, Eindrücke, reiches Wissen und Berichte – hier sind sie, großartig angeboten, belehrend und gefällig – er greife in die Fundgrube, bereichere sich am Detail und walte seiner Gesichte.

Beginnen wir mit Seite eins. Dabei kommt einem der Gedanke, als ob der Mensch so angelegt ist, daß bei ihm alles schiefgeht: er kann die Kriege nicht verhindern, er kann keine gerechte soziale Ordnung einführen, und wenn er zu denken anfängt, wird es tragisch.

CILLY

Seite eins ohne mich. Kannst du nicht gleich mit Frauenleben anfangen? Vorigen Sonntag war etwas mit Charlotte Buff, Beamtenehe und jetzt ein verwahrlostes Grab, sehr schmerzlich, hast du nicht so was?

EMIL

Modefarben in Paris 1792: altflohfarben, fliegensteißfarben, Pariser Straßenschmutzfarben – kommt noch alles, Cilly, sei ruhig. Also Seite eins. Es sind wieder verschiedene Noten ausgetauscht, und verschiedene Rate hielten Vollsitzung ab. Das muß natürlich so sein. Die Bedeutung gewisser Meerengen steht außer Zweifel, und die Geschichte verlangt es.

DIE STIMME

Emil, ich finde deine Art ganz unangebracht. Die Masse hat immer recht, die Presse hat immer recht, wie sollen denn die Annoncen unter die Leute kommen, wenn nicht vorher so was steht? Außerdem hat der heutige Mensch ein genau so echtes Bedürfnis nach Meinungen und Stellungnahme wie der frühere nach Riten, der Nachrichtenaustausch ist der heutige Kosmos der weißen Erde.

EMIL

Sehr wahr, Papa, gehen wir nun auf Seite drei über zu den Kongressen. Die Tagung stand unter dem Thema „über die Grausamkeit von Märchen". Gestützt auf bittere reale Grausamkeitserlebnisse gab der Redner eine erschreckende Statistik der Grimmschen Märchengreuel, deren Eliminierung er forderte. Frau K., die wohl bedeutendste heutige Expertin der Märchenliteratur, konnte Deutúngen geben, die aus historisch-psychologischer Sicht heraus die Frage erhellten. Die tiefe Kinderangst vor Stiefmutter und schwarzem Mann –

CILLY

Weißt du was davon? Ich kann mich an nichts erinnern.

EMIL

Halt doch den Mund, hier sprechen Experten. Weiter: „Die anwesenden Psychologen Prof. T. und Dozent Dr. Z. wiesen auf das irreale Element hin."

CILLY

Wieso irreal? Ich denke, man will hier was kurieren.

EMIL

Aber es gab auch beglückende Berichte, auch beglückende Mitteilungen, auch beglückende Hoffnungen – die Bundesbahn und der PEN-Club sind an der Arbeit, und das sind wohl Kräfte! Vor allem trat Schneewittchen in ihrer ganzen Grausamkeit hervor, Ortega y Gasset hatte sich auch dazu geäußert. Über die Ilias und Heines „Drei Grenadiere" sprach man nicht, dagegen wies ein Diskussionsredner auf das pädagogisch Bedenkliche des Röhrens der Hirsche hin und warnte vor Waldwanderungen im Oktober (Beifall).

DIE STIMME

Wie waren die Blumenarrangements?

EMIL

Nur Fleißiges Lieschen und Männertreu. Beim Festessen pries einer die *Roh*kost und wurde streng verwiesen, verboten war *Rotkäppchen*sekt und Henkell-*Brut*.

DIE STIMME

Wir stehn hier offenbar vor der Frage der Prophylaxe. Prophylaxe von wem, für wen, gegen was, aus welcher Stellung in welche Richtung. Hier nähert sich ein Krisenpunkt.

EMIL

Aber erst die Annoncen! Ich liebe die Annoncen für kleine Leute.

CILLY

Wir sind alle kleine Leute.

EMIL

Dazu muß ich die Lupe nehmen. „Ich trage wo ich gehe stets eine Uhr von Knak bei mir" – das spielt auf Löwe an, Löwes Balladen, setzt viel voraus. „Hirschgeweihe, Geweih von Reh, Nashorn, Elefantenzähne" – die Tropen stehen vor der Tür. „Kikeriki – Huhn und Hahn suchen alte Porzellane, Porzellanbesonderheiten mit plastischen Blüten –" wir brauchen nicht in die Salons zu gehen, auch hier sprechen Handel und Industrie. Wir sind eine fabelhafte Nation! Was elegant ist, kommt vom Ausland, was reizvoll ist, von d'outre mer. Wir sind überhaupt nicht mehr vorhanden, aber die Annoncen sind gebildet.

DONATH

Elf Uhr und noch kein zweites Frühstück. Für mich brauchst du nicht weiterzulesen. Eine Zeitung ist wie die andere. Man kennt das doch alles. Die Gefühle beim Akt und die Gefühle beim Flug, die Lichter von Paris und die vorfabrizierten Häuser am Rande der Salzwüste, die Gruppierung für die Vergangenheit und die Perspektiven für das Jahr 2000, man schüttelt sich das schon aus dem Ärmel, es ist eine große Kartei, in der alles drinsteht.

BERTHOLD

Zugegeben! Aber mit dem Reden ist es doch noch viel schlimmer. Erzählen, lachen, die Zigarre vorstoßen, die Damen haben auch so elegante Handbewegungen – das geht vielleicht noch für einen kleinen Tisch. Aber unter weiteren Gesichtspunkten, da kann doch die Jugend nicht mehr mit dem Alter reden, dort ist Trieb, hier Erfahrung, und wenn das Körperliche nicht mehr so drängt, kommen andere Resultate. Es kann der Religiöse mit dem Weltkind nicht reden, wem das Geschenk des Glaubens nicht zuteil ward, der denkt flächig und linear. Es kann die Mutter mit der Tochter nicht reden, denn die Tochter verschweigt ihre Genüsse und ihre Scham. Es kann der Künstler mit dem Politiker nicht reden, der letztere ist jetzig, und der andere ist achronisch. Der Industrielle spricht von Kühlschränken und der Gefahr übertriebenen Exports – wer hört da zu? Ein Herr war in Arosa – von Donnerstag bis Montag Schneefall: „Ich muß ehrlich sagen, das war zuviel" – ob ehrlich oder unehrlich, wozu ethische Gesichtspunkte, er muß mit Witterungsunbilden rechnen, wenn er sich in solche Höhen wagt – kurz: Was soll dies Beieinander, wir wissen ja, alles ist antinomisch – oder ich bin eingeladen zu jemandem, der gibt als Adresse an „Im Schwarzen Grund", das klingt nach Morast, Wildschweinen und langen Anmarschwegen, hinterher soll man sich unterhalten, wie kann er mir das zumuten, dafür habe ich keine Sandalen.

ALFRED

Tohuwabohu, aber keiner will es wissen, eine große Umlage, aber keiner will sie zahlen. Zwielicht, im blauen Riesel der Vornacht weißelt die Stunde, weder Eule noch Lerche, weder Fledermaus noch Hahn. Zickzack. Ich sah von einem Hotelfenster auf hohe Bäume. Ein Glückszufall hatte mich in dies Haus geführt. Barkarole – Wipfel, darunter die kanadische Quitte, die ein Kapitän vor hundert Jahren hier eingeführt hat, blaue Wogen und Sterne und das Hereinrauschen der Nacht. Ich dachte an meine Sünden. Welches ist der Maßstab für Sünden? Auf meinem Tisch lag eine Sonntagszeitung, darin hatte ich Goethes Wort aus seinem achtzigsten Jahr gefunden: „Es gehört Mut zum Glück, habe diesen Mut!“ Nicht also zur Trauer, zur Entsagung, zur Askese gehört Mut – zum Glück! Aber sagt der alte Herr, was Glück ist? Meine Glücke waren, wenn ich genau bin, alle mit Verbrechen verkuppelt: Ehebruch, Rausch, Treulosigkeit, Elternhaß, Falschheit, doppelte Moral, auch fiel mir die Wendung von Hamsun ein: „Es gibt nur eine Liebe, die gestohlene“ – eines der wahrsten Worte der Menschheitsgeschichte –, konnte Goethe das empfehlen? Aber weiß man bei ihm überhaupt jemals, was er meint – meinte er überhaupt was? Ich warf die Zeitung ärgerlich hin, hinsichtlich meiner wußte ich nur, mein Gehirn war zeit meines Lebens über eine ungeheuer harte Unterlage gespannt, nun sendet es superdestruktive Geschoßköpfe – oder ahnt außer mir noch jemand, wie ungeheuer nahe die Substanz, die Reife, die Innerlichkeit am Stumpfsinn liegt –, faktisch führt nur das Verbrechen weiter.

DIE STIMME

Der Krisenpunkt!

EMIL

Jetzt kommt etwas für dich, Cilly, aus „Gesellschaftliches“, ergreifend, das überträgt sich von selbst als moderne Ballade, wie schon anfangs gesagt, der Künstler findet hier Stoffe – ich beginne:

Little old lady
in a big red room

little old lady –
summt Marion Davies,
während Hearst, ihr Freund seit dreißig Jahren,
in schwerem Kupfersarg unter dem Schutz einer
starken Eskorte
und gefolgt von zweiundzwanzig Limousinen
vor dem Marmormausoleum eintrifft,
leise surren die Fernkameras.

Little old lady, großer roter Raum,
hennarot, sanft gladiolenrot, kaiserrot (Purpur-
schnecke).
Schlafzimmer in Santa Monica Schloß
à la Pompadour –

Louella, ruft sie, Radio!
Die Blues, Jitterbug – Zickzack!
Das Bürgertum im atlantischen Raum:
heiratsfähige Töchter und obliterierter Sexus,
Palazzos an den Bays, Daunendecken auf den
Pfühlen,
die Welt teilen sie ein in Monde und Demimonde –
ich war immer letzteres –

Louella, meine Mischung – hochprozentig!
Was soll das alles –
gedemütigt, hochgekämpft, hündisch gelitten –
die Züge, häßliche Züge, mit denen jetzt der Kupfer
sarg Schluß macht,
überrann ein Licht, wenn er mich sah,
auch Reiche lieben, zittern, kennen die Verdammnis.

Hochprozentig – das Glas an den Silberapparat,
er wird nun stumm sein zu jener Stunde,
die nur wir beide wußten –
drollige Sprüche kamen aus der Muschel,

„in Frühstücksstuben entscheidet sich das Leben,
am Strand am Bathdress hagelt es Granit,
das Unerwartete pflegt einzutreten,
das Erhoffte geschieht nie –“
das waren seine Stories.

Schluß mit der Promenade! Nur noch einige
Steinfliesen,
auf die vorderste das Glas
hochprozentig, Klirren, letzte Rhapsodie –
little old lady,
in a big red room. –

CILLY

Und weißt du, wie das weitergeht? Die Familie bootete sie aus, nach zehn Tagen wurde das Testament eröffnet, und sie war Universalerbin. Nach sechs Wochen heiratete sie einen eleganten amerikanischen Marineoffizier.

EMIL

Dann hätte ich aber wirklich nicht so schön zu dichten brauchen. Großer Vater, das ist wohl ein Lebenswechsel.

DIE STIMME

Was soll denn sein?

FERDINAND

Erst auf Seite fünf! Diese Zeitungen haben etwas Unheimliches. Nimm sie fort! Alles Welten, die du nie gesehen. Zimmer aus wolkenroten Steinen; Landschaften, in denen wenig Bewegung ist, etwas Rauch aus einer Ranch, ein pfeiläugiger Vogel. Die abgestreifte zellophandünne Haut einer Schlange liegt quer über dem Weg, große stagnierende Teiche, über ihnen reglose Falter. Wildkatzen, betrunken vom Saft der Tollkirsche, schreien, heulen, torkeln – wohin blickst du? In Dinge, die du niemals warst, niemals wirst, du reichst nicht hin – Welten von solchen Dingen – unerträglich!

EMIL

Und draußen beginnt der Angriff auf die Tropen. Westafrika im Vordergrund, aber auch Nigeria. Hier im Handelsteil: „Nigeria sucht Filzhüte." Wo bisher achthunderttausend Menschen lebten, können nun zehn Milliarden ernährt werden – ein Hinströmen! Aber wer strömt hin – etwa du? Ereignisreiche Umwelt! Neusüdwales hat seinen kältesten Tag seit neunundsiebzig Jahren – Schnee in Canberra; kurzlebige Armeerevolten in Honduras – und du? Du kennst die Wendung von der Tagesordnung, die ohne weiteres über was hinweggeht. Dem indischen Zoo wird ein Riesensalamander als Zeichen der Freundschaft von Nippon angeboten, in der Wissenschaft besteht Hoffnung, ein vom Blasenwurm befallenes Auge sicherer erhalten zu können, und du? Sagen wir es ruhig: nur spurweise vorhanden! Und wo verläuft die Spur? Im Neige d'antan.

GERHARD

Ja, nimm die Zeitung weg, das ist zu bitter. Fluten von Unvermögen und Versagen bringen sie über das Herz, Fluten von Heimweh und November, Fluten von Landsend und Finisterre. Asien, Afrika, Honolulu ersticken deine Flamme – Granite, Massive, Eisflächen, Tulpeninseln gehen mit frechen Erlebnissen über dich hin, du bist verloren, hast du die körperlichen Kräfte, zu ihnen zu gelangen – hast du das Geld? Ich übe mich jetzt im Radardenken und führe euch vor

Ich bin der Radardenker. Hier gibt es keine Stoffzudringlichkeiten, ich peile an. Der Mann am Fenster, der Gedankengänger im Eigenheim. Auf die Straße sehn, sich einstellen auf gewisse Einzelheiten, aber sofort zurück in die Mansarde. Ich mache meine eigene Kausalität, ich halte mir den Kopf frei, darin muß immer ein Hohlraum sein für die Gebilde. Meine Apparatur arbeitet mit Methode: immer wieder auf sich allein zugehn, sich selbst an den Gaumen halten, auf der Zunge schmecken, sein Paprika sein, in sich selbst die Kätzchen pflücken, viel Ding an sich und eine Prise Säkulum-Hallo, das ist der Radardenker!

Zu meinen Grundsätzen gehört: Fliehen Sie die Ferne, fliehen Sie die Fülle, wenn Sie nämlich das alles lesen, kommt immer wieder die Frage: wenn es nicht dazu gekommen wäre: Atomzerspaltung, Dynamit, Insulin, entbitterte Lupine – was dann, wie sähe die Sache dann aus, aber erstens wäre dann vermutlich etwas anderes dazugekommen oder es wäre zweitens nichts anderes dazugekommen, doch änderte das etwas an den Grundsätzen der Welt? Nein, fliehen Sie die Ferne, fliehen Sie die Dauer, verflechten Sie sich mit Ihren inneren Beständen – peilen, loten, horten, aber sofort zurück zu den Gebilden. Lesen Sie die Zeitungen, aber sublimieren Sie die Matrizen. Vom Schatten aus auf die leuchtenden Bäume und Blumen sehn – dies japanische Gartenprinzip – das bietet Ihnen mein Fenster. Sich im Schatten halten, sich verhalten, es verhält sich die Welt.

HERWARTH

Wohl ein Verwandter von Beispiel II, Pensionär. Damit kommen wir auch nicht weiter. Dieser Autobrodler ist antiquiert. Odol, Aspirin, Pyramidon, wie das alles Leben gewinnt, weil es so viele benutzen. Unzeitgemäß dieser Hohlraum. Unsere Großeltern konnten radardenken, da gab es feine Stellungen: Syndikus, listige Verträge und Neuemissionen oder Facharzt für Hals-Nasen-Ohren, bißchen Rachen pinseln und nachts werden Sie nicht gerufen – Vertreter für Suchardschokolade, stark gefragt, Sie brauchten nur den Hörer abnehmen und die Aufträge notieren, heute müssen Sie Tag und Nacht die Krallen draufhalten, Schufte finanzieren, anklopfen, sich drehn und wenden schleimig und drohend, Inserate verfolgen, zackig 'rumwedeln – studieren Sie den Tonfall in der Stimme des Chefs, der abends aus dem Büro geht: „sonst noch was?"

ISAAK

Alles in allem, der halbe Sonntag ist 'rum, und überall nur prekäre Lagen. Ein Gewimmel von Gedanken, Thesen, Strebungen und keine Antwort. In jeder Sonntagsnummer denkst du, du findest eine Antwort, ein Ave Maria, eine Liturgie, aber immer nur diese Interpunktionszeichen und nichts dahinter. Du liest die Zeitung von Anfang bis zu Ende, auch das Kleingedruckte, und dann trittst du in den Tag, und wenn du etwas gewinnen willst, mußt du es angehn mit deinem nacktesten Herzen.
Ich denke manchmal, der Schöpfer hat sich gesagt, die brauchen nur fünf Finger, damit kommen sie aus, und er hat im wesentlichen recht behalten – also haben wir vielleicht auch im Inneren diese fünf Finger, aber die haben wir nicht, diese Organisation hat nur Flügel und Flossen, die Bewegungsbehelfe in unbestimmten Medien. Mit voller Sicherheit bewegt sich nur das Fleisch. Aber das Ganze einschließlich Geist und Stil und Sitte – was ist denn das?

DIE STIMME

Was soll denn sein?

ISAAK

Großer Vater, darf man denn gar nicht mehr von der Zeitung aufblicken und noch etwas Allgemeines fragen, darf man gar nicht mehr fragen, was mit dem Schöpfer eigentlich los ist, zum Beispiel im Tiger und Leoparden ist ihm doch das Mörderische und die Blutgier gut gelungen, aber auch in unserem Inneren ist manches, wie es nicht sein soll und wie es auch nicht sein möchte. Sie wissen, was das heißt, daß einem das Herz bricht. Meistens betrifft es Sie selber gar nicht, sondern jemanden anders, den Sie zerstörten, meistens einen guten Menschen, einen Gläubigen, dem Sie alles nahmen. Sie können natürlich sagen, Glauben ist Schuld, man soll mit dem Furchtbarsten rechnen in jeder Lage, aber wozu sind dann alle die Lieder da, die so süß klingen auf dem Akkordeon oder auf der Gitarre – etwas außerhalb des Furchtbaren muß es doch geben. Man liest alle Zeitungen durch, man abonniert auf immer neue, aber man findet nicht weiter, man hat den Sack über dem Kopf, man schlägt um sich, wendet sich an den Schöpfer, man betet zu G...

DIE STIMME

Lassen Sie G... aus dem Spiel. Wenn ihr euch eure Gummisohlen durchlauft, deswegen ist der noch kein Flickschuster.

ISAAK

Das nicht, aber man denkt doch öfter an ihn. Bald kommt die Stunde, wo Sie das Gesicht ins Dunkel halten müssen, in den großen schwarzen Schwamm, dann stürzen über Sie die Schatten, und aus den Schatten können Sie nichts mehr gutmachen und nichts mehr sühnen. Sie leben nur weiter in dem, was man von Ihnen bis dahin sah und weiß – vergleiche Nachruf –, sollte man nicht danach leben, ehe die Schatten fallen?

DIE STIMME

Geh ins Kloster, Ophelia.

ALFRED

Aber, Großer Vater, nun stehn schon wieder Tannenzweige auf den Klavieren, auch Kätzchen, vorzeitig, lesen Sie doch die Adventsartikel, die Jahreszeiten und christlichen Feste jagen um uns herum – noch einmal und noch einmal – aber dann, Großer Vater, was ist denn dann – sagen Sie doch ein Wort.

DIE STIMME

Was soll denn sein?

BERTHOLD

Und die Schallplattenbesprechungen, diese Schlager: der Hafen von Adano und die Beine von Dolores wirbeln einem um den Kopf, ein Ansturm von Zeitschönheiten, labilen süßen Stimmungen, dieses Jahr und noch ein Jahr, aber dann, Großer Vater, was ist denn dann?

DIE STIMME
(drohend)

Was soll denn sein?

KATJA

Man läßt den einen für den anderen, gut, der eine ist jung, der andere ist alt, man glaubt an jeden – „Als ein Gott kam jeder gegangen“ (Ariadne, Strauss), aber wenn er dann weggeht, man ist allein und liest wieder die Heiratsannoncen und die Falten kommen, die ruhelosen Nächte, die Menopause – wo ist denn dann das Heilige – was ist denn dann?

DIE STIMME
(brüllend)

Was soll denn sein, wer seid ihr denn, geschaffen und geworden, die Augen unter Tränen und die Herzen hin und her? Schluckt doch endlich euer Inneres und eure Beine und haltet die Schnauze über eure Kaldaunen oder wie der Psalmist sagt: meine Seele ist stille zu Gott.
Was soll denn sein, ihr nennt schon heilig, was ich nur doof nenne, ihr billiger Krimskrams mit Gemüts- und Blasenpanik – immer schnell aufs Töpfchen! Wenn ihr ahnen könntet, was eine Äone ist – aber woher sollt ihr das wohl ahnen?
Ihr intellektuellen Schimpansen, betreibt nur weiter euren Ausverkauf – Rentner, Huren, Hausbesitzer, alles Freiplatzschnorrer, wiehern auf der Galerie, wenn in der Szene die Herzen sterben – was soll denn sein, wieviel Nächte habt ihr denn alleine durchgestanden, welche Trauer ohne Geschwätz getragen – das Nichts, euer Nichts war immer noch durchklimpert von Gebetsmühlen und Schuhschnallen – wenn ich euch nun sagte: im Dunkel leben, im Dunkel tun, was wir können – *das soll sein?*
Was ereifere ich mich überhaupt? Ihr sagt, ich hätte euch gezeugt? Das ist wohl zu persönlich gesehen und zu mechanisch, an euch habe ich bestimmt nicht gedacht, als ich mit eurer Mutter ging, ich habe an ganz was anderes gedacht, ihr Gesicht wurde immer so schön bei der Liebe. Kinder sind fremde Leute, ihr müßt euch an Älteres halten als an mich, wenn ihr von der Zeugung redet.
Hier habt ihr auch eure beiden Glocken, das ist auch nur solch eine intellektuelle Farce *(wirft sie über*

den Vorhang), ich will mir den Bart mit ganz was anderem beschmieren, ich will einen Garten im Sommer sehn und will sehn, wie Schnee fällt, weiter gar nichts.

Alle singen aus der Sonntagszeitung:

Ist ein fremder alter Strom geflossen
etwas weißer, etwas blauer Nil,
schließlich unter unsere Haut ergossen,
sich verzweigt zu Denk- und Liebesspiel.

Viel ererbt und einiges erworben,
alter Quell, doch Neues auch eräugt,
unser Vater ist schon lang gestorben,
doch er hat uns gut und still gezeugt.

In den großen Wald ist er entschwunden,
in den buschigen, auch dunkelgrün,
hat sich durch das Unterholz gewunden
ernst und männlich und wir preisen ihn.

III

MELANCHOLIE UND NEONBELEUCHTUNG

BEISPIEL I

Zwei Monate später. Wir sind ja nun alle sittlich und geistig gereift. Von dem Gesicht, das ich trinken wollte, habe ich mich getrennt, ich habe ihr gesagt, sie soll bei ihrem neuen Freund bleiben, mit dem sie mich betrogen hat, ein Gurkenhändler. Ich rief an, die Stimme klang so sonderbar, ich komme gerade aus dem Bad, sagte sie, ich wußte Bescheid. Nimm dein Gebiß 'raus, schrie ich, zeige dem Mann, daß du nur noch zwei Zähne im Oberkiefer hast, ich liebte dich trotzdem, bei ihm erscheint es mir fraglich – das nahm sie übel. Ich halte mich an meine Frau, eine famose Person, mein sicherer Port, von dem aus unternehme ich meine Vorstöße – zickzack. In Neukölln ist eine Bar mit Tischtelefon und Saalpost, da strebe ich heute hin.

CHOR

Das ist der Lebenswille, der unbändige.

BEISPIEL IV

Die Mietserhöhung ist abgelehnt, aber da ich das Warmwasser verweigere, spare ich das Wassergeld, schon sechs Jahre lang, à propos, hat keiner von den Dusseln bemerkt, das hätte natürlich eine Klage rechtfertigen können. Mein neues Haus in Düsseldorf ist etwas klein, muß drei Teppiche übereinanderlegen, aber dann weiß dort keiner, was ich habe, auch da wird es Stänker und Querulanten geben, die Welt wimmelt von Mietern. Dem hiesigen Verwalter habe ich Auftrag gegeben, nichts zu leisten, er soll sie schikanieren, bis sie Öl pissen, kein Fahrstuhl, kein Fensterglas, kein Ziegel auf das Dach – lachhaft diese moderne Zivilisation für solche Raumschmarotzer, die Wohnungen sind großartig verglichen mit Hundehütten. Servus, nichts für ungut.

CHOR

Das ist der Erwerbssinn, der staatenbildende.

BEISPIEL II

Inzwischen habe ich mir auch noch zwölf Ultraschallungen verpassen lassen, man muß mit der Zeit mitgehen.

CHOR

Das ist der Lebensabend, im Schatten der Wohlfahrtseiche.

BEISPIEL III

Die Polizei benahm sich prima, blieb im ersten Zimmer so lange, bis aus den anderen das Werkzeug entfernt werden konnte, Peitschen, Stricke, Fesselbandagen. Zum Schluß sagten sie, Madame, Ihre Wohnung hat nur drei Räume, als Mieterinnen gemeldet haben Sie fünf Täubchen, wo träumen die fünf Damen nach des Tages Müh und Last? Im siebenten Himmel, sagte ich, und die Herren lachten. Die Frauenvereine sind hinter der Sinnlichkeit her, aber das waren tadellose Exekutivvertreter.

CHOR

Das ist die Liebe mit allen Abarten, von der schon ein Chor bei Äschylos sagt: „O Eros, du im Kampf nie Besiegter."

CHORFÜHRER

Das sind einige Beispiele, aber sind sie schön? Ist das alles ausgerichtet auf den *tiefen* Menschen? Wer ist ein tiefer Mensch? War Sokrates ein tiefer Mensch? Er verführte nach Auffassung des Staates die Jugend und starb heiter. Alexander, Mahomet, Eisenhower – ist das Elementare tief oder das Sublime, ist die Güte tief oder das Verbrechen? Hätte es nur Märtyrer und Büßer gegeben, wo hielten wir dann? Und wenn wir alle schwiegen? Kein Großer Vater mehr, der uns berät!

„So sinke denn, man kann auch sagen, steige" (Faust) – was heißt denn das nun wieder? Offenbar gibt es Wägungen, die sind positiv und negativ. Irgendwo flammt etwas auf, und irgendwo erlischt etwas, irgendwo eine Nova, und irgendwo ein Korn Staub mehr in der Asche der Welt. Wo stehen wir, an welchem Punkt der Fauna, durch welche Flora windet sich unser Schritt? Vieles spricht dafür, es ist ein Herbsttraum, die Rosen neigen ihr Glas: leer, ein letztes Rinnsal noch an der beschlagenen Wand, die Gärten wispern braun und lila, durchgesichtig in flaches Ferngelände.

Diese Rosen sinken also, aber aus Wohnungen vom Typ E 2 in Wohnblocks auf Pfeilern mit Ladenstraßen, Bädern, Restaurants und sogar einem Hotel für Hausbesuch wird man auf den neuen Flieder blicken. Was fragen wir noch, was soll denn sein, wir müssen zum Schluß kommen. Nur noch ein Wort zu unserer geographischen Lage. Man könnte sagen, wir sind Lokalgrößen, abgeschnürte Inselnigger, Sturmböcke – nein, in ganz Europa sieht es so aus. Ein Diplomat aus dem gesichertsten Land der Erde, kein Deutscher, durch hohe Posten international bekannt, schreibt gutachtlich folgendes: „Bereits war das deutlichste Anzeichen für die völlige und katastrophale Umwandlung der Epoche in jenes letzte Stadium getreten, in welchem plötzlich alle Namen, alle Worte ihren Sinn verloren, die

Zeichen, die der Geist errichtet hat in Architektur wie in den Werken der Musik, nicht mehr wahr sind, alles lügt, alles verblaßt, um dann plötzlich ausgelöscht zu werden und völlig zu verschwinden.“ Ungeheuerliche Worte! Hier lotet ein Diplomat! Einer aus berühmter Familie alten Stils, bestes Europa in der Strenge des Hierarchischen und mit der Weiträumigkeit der Golfsitten, er spricht sich mit Einzelheiten über das letzte Stadium der Epoche aus. Nein, wir sind keine Lokalgrößen, keine Sonder-Polis, es ist der Erdteil, über den es geht, der hat sein Joch gebrochen und seine Seile zerrissen.

So geht alles durcheinander, Blut, Speichel, Tränen, Samen, wer will sagen, was das Richtige, was das Wichtige ist? Wir wogen nach allen vier Himmelsrichtungen, die Windrose ist viel zu klein. Die große Verwobenheit, das Heilige in allem. Immer wieder sein Schicksal auf sich nehmen, Trauer und Licht, Melancholie und Neonbeleuchtung, Hoffart, Unzucht, Ausbeutung und dann die hohen Dinge: der Becher mit Schierling und die Dornen am Kreuz. Vor wem sollen wir noch knien? Der Alte hat uns auch im Stich gelassen, die Lage ist bitter. Immer wieder sein Schicksal auf sich nehmen – ihr, Beispiele und Sprecher, wovor könnten wir noch knien? Höchstens doch vor seinem seltsamen Wort: „Im Dunkel leben, im Dunkel tun, was wir können“ – aber wie ist das wohl zu deuten?

Ende

NACHWORT

Gottfried Benn ist am 2. Mai 1886 in Mansfeld bei Putlitz (Westpriegnitz) als zweites Kind eines protestantischen Pfarrers und einer Welschschweizerin aus alter Uhrmacherfamilie, einer geborenen Jequier, zur Welt gekommen. Er gehört also – und er ist zeit seines Lebens nicht wenig stolz darauf gewesen – in die Reihe der hochbegabten und manchmal genialen Pastorensöhne, denen die deutsche Geistesgeschichte der letzten vierhundert Jahre so viele erstrangige, zeitüberdauernde Leistungen verdankt. Das Predigerblut scheint ja ganz bestimmte innere Dispositionen besonders zu begünstigen, es kann kein Zufall sein, daß es in den meisten und gerade in den berühmtesten Fällen das Reich der Sprache, genauer: das Doppelreich des Dichtens und Denkens gewesen ist, in denen sich diese Begabung entfaltet hat. So bei Lessing, Herder, bei Jean Paul, bei Nietzsche und anderen. So auch bei Gottfried Benn, dem rigorosesten und konsequentesten, wenn nicht größten Sprachkünstler des deutschen Expressionismus, dem wahrscheinlich unbedingtesten Nietzsche-Verehrer seiner Generation, dem Verkünder der „Nietzsche-Lage" als einer „finalen Situation" und lebenslänglichen Abwandler eines Nietzsche-Themas von verhängnisvoller Tragweite, in dessen Bannkreis nun freilich der ganze teure Seelenschatz des alten deutschen Pfarrhauses sich in blauen Dunst auflösen mußte: es ist das Thema „Europäischer Nihilismus", auch „Gott ist tot" genannt.

Der junge Benn betrieb zunächst Theologie und Philologie, wechselte aber schon als Neunzehnjähriger zu den Naturwissenschaften über und widmete sich an der Kaiser-Wilhelm-Akademie für das militärärztliche Bildungswesen in Berlin fünf Jahre lang dem Studium der Medizin. Nach kurzer Dienstleistung als Unterarzt im Infanterie-Regiment 64 in Prenzlau (1911/12) nahm er aus gesundheitlichen Gründen seinen Abschied vom Militär und approbierte sich als Arzt in Berlin. 1913 übernahm er die Leitung des Pathologischen Instituts am Städtischen Krankenhaus in der Sophie-Charlottenstraße, 1914 war er monatelang als Schiffsarzt unterwegs und „impfte das Zwischendeck", im August zog er als Militärarzt ins Feld, von 1915 bis 1917 war er in Brüssel stationiert und „lebte in der Etappe einen guten Tag". Benn hat seinen medizinischen Lehrern stets ein ehrendes Andenken bewahrt, und Motive aus der Vorstellungswelt der modernen Naturwissenschaften, etwa die erbbiologische Terminologie mit der durch ihn literarisch berühmt gewordenen Unterscheidung von „Genotyp" und „Phänotyp" oder die Anwendung erdgeschichtlicher Perspektiven auf die Bewußtseinslage der gegenwärtigen Epoche („der Mensch des Quartär") haben in seinem Denken und Dichten eine bedeutende Rolle gespielt. Sie verbinden sich mit einem endzeitlich gestimmten Kulturpessimismus und einem an Flaubert, den Symbolisten und dem frühen Heinrich Mann orientierten Pathos der unbedingten Form zu einer komplizierten und doch durch ihre krasse und unerhörte Eigenwilligkeit bezwingenden Grundformel, die sich im Laufe von viereinhalb Jahrzehnten produktiver Arbeit entwickeln und vielfach variieren ließ, in ihren wesentlichen Zügen aber immer gleichgeblieben ist.

Es sind zwei verschiedene Ausdrucksfelder, auf denen Benn gleichzeitig oder abwechselnd gearbeitet hat: das lyrische Gedicht und eine Art von künstlerischer Prosa, für die man eine allgemeingültige gattungsmäßige Bezeichnung noch nicht gefunden hat. Handelt es sich um Essays, um Gedichte in Prosa, um so etwas wie Erkenntnislyrik in ungebundener Rede? Nennen wir es eine Mischung von reflektiven und sinnlichen Elementen, von Denkspiel und sprachlicher Eruption, ein scheinbar chaotisches, in Wahrheit streng kalkuliertes Gewirk aus räsonierenden, mit Jargon, Begrifflichkeiten aus allen möglichen Fachsprachen (von der Medizin bis zum Bankwesen), oft auch abenteuerlichen, gleichsam knochenbrechenden Neologismen versetzten Partien und lyrisch-expressiven, wieder und wieder zu turbulenten Wortkatarakten gesteigerten Entladungen. Es sind Versuche, auf dem Wege zu dem, was der Autor selbst als „absolute Prosa" für möglich gehalten hat, das Äußerste zu erreichen, es sind Monologe des „lyrischen Ich", auch wenn der Text auf verschiedene Stimmen verteilt erscheint.

Benns erste Gedichtsammlung *Morgue* wurde 1912, im Todesjahr Georg Heyms, gedruckt: ein dünnes Heft voll bösartiger, entsetzenerregender Gebilde (der Mensch aus der Leichenkeller- und Seziertisch-Perspektive), deren noch kaum faßbare Poesie sich doch als haltbarer erweisen sollte als vieles, was damals für avantgardistisch und sensationell gehalten wurde und die Begeisterung der Kenner erregte. Vier Jahre später erschien bei Kurt Wolff eine erste Folge von Prosastücken unter dem Titel *Gehirne.* Ihr gemeinsamer Held ist Rönne, ein junger Arzt, dem das Gefühl für die Wirklichkeit des Wirklichen abhanden gekommen ist. Zusammen mit einer Reihe von szenischen Arbeiten aus den Jahren 1914 bis 1917 *(Ithaka, Etappe, Der Vermessungsdirigent, Karandasch)*, in denen teils wieder Rönne, teils sein Gegenstück Pameelen maßgeblich figurieren, entwerfen diese seltsam handlungslosen „Novellen" die Modell-Situation des Prosaisten Benn. Alles Künftige ist in diesen frühen Versuchen schon keimhaft vorhanden.

Die beiden hier ausgewählten Stücke stammen aus sehr viel späteren Jahren. *Weinhaus Wolf* wurde 1937, *Die Stimme hinter dem Vorhang* 1951 verfaßt. *Weinhaus Wolf* ist in einer Zeit der bitteren Vereinsamung entstanden, man merkt es ihm an, daß es ohne jeden Kontakt mit der damals gegebenen literarischen und gesellschaftlichen Umwelt (und ohne Aussicht auf baldige Veröffentlichung) hervorgebracht worden ist. Der Autor hatte seine kurzlebige Allianz mit der nationalsozialistischen Ideologie (1933/34) längst hinter sich und auf das tiefste bereut. Durch unflätige Angriffe von seiten der Naziblätter *Das Schwarze Korps* und *Völkischer Beobachter* (1935) war das einzig mögliche und wahre Verhältnis zwischen ihm und dem „Neuen Staat" wieder publik geworden: Benn galt nun definitiv als „Kulturbolschewist" und „untragbar", der Ausschluß aus der „Reichsschrifttumskammer" und das strikte Schreibverbot standen bevor. Mit Wirkung vom 1. April 1935 hatte er sich als Sanitätsoffizier reaktivieren lassen und war als Oberstabsarzt in der Wehrersatzinspektion Hannover verwendet worden. Die Niederschrift von *Weinhaus Wolf* fällt in die letzte Phase dieses hannoverschen Aufenthalts; im Sommer 1937 konnte der Dichter es durchsetzen, in das geliebte Berlin zurückbeordert zu werden.

In seinem *Lebensweg eines Intellektualisten*, einer autobiographischen Arbeit aus dem Jahre 1934, hatte Benn die Wahrnehmungen, die im Rönne-Komplex ihren Ausdruck gefunden haben, mit folgenden Worten beschrieben: „Im Krieg und im Frieden, in der Front und in der Etappe, als Offizier wie als Arzt, zwischen Schiebern und Exzellenzen, vor Gummi- und Gefängniszellen, an Betten und Särgen, im Triumph und im Verfall verließ mich die Trance nie, daß es diese Wirklichkeit nicht gäbe. Eine Art innerer Konzentration setzte ich in Gang, ein Anregen geheimer Sphären, und das Individuelle versank, und eine Urschicht stieg herauf, berauscht, an Bildern reich und panisch." Was in *Weinhaus Wolf* vorgetragen wird, ist eine Variation dieser Erfahrung auf der Stufe der Meisterschaft. Ein bißchen konkrete Situation („Eine bestimmte Zeit meines Lebens verbrachte ich ..."), eine Spur Erfindung („Ich stammte aus der Kolonial- und Konsulatssphäre"), um einen weiten Horizont von Weltkenntnis glaubhaft zu machen und die unentbehrlichen tropischen Motive heranzubringen, aber das Eigentliche begibt sich hinter den halbgeschlossenen Lidern des Monologisten, im Zustand eines trancehaften Brütens und Dösens, in dem sich Bilder, Ideen, Erinnerungen ungestört entfalten können. Was die Umwelt beschäftigt („Drei Herren, ein heiterer Kreis"), ist sinnlos („so verging ihnen der Abend, verteilte sich das Ungewisse, gliederte sich die Zeit"), aber man ist ihr durch die bürgerlichen Formeln des Umgangs verbunden, man legt auf korrektes Benehmen den allergrößten Wert, und man empfängt Anregungen aus dem, was für die andern noch überzeugender „Inhalt" ist: aus der Zersetzung von Inhalten durch nihilisierende Ironie entstehen die abenteuerlichen Wagnisse und Assoziationen des sprachlichen Vermögens, die zu definitiven Ausdrucksleistungen führen sollen.

Die beherrschende Thematik ist hier die von Nietzsche ererbte (auch von Thomas Mann und anderen abgewandelte) Antinomie von Geist und Leben, die gegebenenfalls auch erörtert werden kann als das Verhältnis von Geist und Natur oder — in einer damals besonders kritischen Zuspitzung — als der Gegensatz von Kunst und Macht. Die Spekulation von 1933, der haarsträubende Versuch, die Kunst Stefan Georges und den „Kolonnenschritt der braunen Bataillone" auf einen Nenner zu bringen — „Es ist der Geist des imperativen Weltbildes, das ich kommen sehe"! — wird hier endgültig zurückgenommen: „Nicht das Leben durch Erkenntnisreize biologisch steigern und züchterisch vollenden", so heißt es nun, „sondern gegen das Leben ansetzen den formenden und formelhaften Geist." Hatte Benn noch drei Jahre vorher versucht, das Phänomen der Macht zu ästhetisieren, so spielt er jetzt das ästhetische Prinzip gegen die Macht aus, gegen Geschichte überhaupt und gegen alles, was geschichtliche Bewegungen verursacht: Ideen, Inhalte, Motive, die zum Handeln treiben. Die „Lage erkennen" heißt hier: Geschichte verabschieden, „nur nicht handeln“, heißt Konzentration auf die Sphäre des Gestaltens, da dem Kulturkreis als geschichtlicher Potenz keine Zukunft mehr offensteht, heißt „Abendstunde“ und „jetzt kommt die Nacht“. Der „formfordernden Gewalt des Nichts“ Genüge zu leisten: das und nur das ist die Aufgabe des Künstlers. In diesem Sinne ist auch zu verstehen, was der Dichter in einer berühmt gewordenen These über die letzten fünfhundert Jahre der europäischen Geistesgeschichte behauptet: „Alle großen Geister der weißen Völker haben, das ist ganz offenbar, nur die eine innere Aufgabe empfunden, ihren Nihilismus schöpferisch zu überdecken.“

Vierzehn Jahre später. Dem nach zwölfjähriger Verbannung (1936-48) in die deutsche Öffentlichkeit zurückgekehrten Gottfried Benn ist es gelungen, nicht nur die Kritik im Sturme zu erobern, sondern auch die Jugend für sich zu begeistern. Wie eine unerhörte Neuigkeit war sein Stil, war seine Botschaft über die Leute gekommen: diese faszinierende Konsonanz von Entzauberung und Berauschung, von brillant kadenzierten Zynismen und schmelzender Poesie. Sein Ruhm griff um sich wie eine Epidemie, für den Augenblick war er die Figur, die um 1935 Rilke, um 1945 Kafka gewesen war, und die seit dem Ende der fünfziger Jahre Brecht zu sein scheint: das Idol der literarischen Intelligenz, der erste Dichter der Nation. Dabei war, was er zu sagen hatte, nicht grundsätzlich neu, es wurde nur besser verstanden als jemals zuvor, es hatte unter den gebrannten Kindern der soeben katastrophal zu Bruch gegangenen deutschen Nationalgeschichte, in einer Atmosphäre des „totalen Ideologie-Verdachts“ und der halb verzweifelten, halb frivolen Untergangs- und Ausverkaufsstimmungen, seine ganz besondere Aktualität. Man muß hinzufügen, daß es selten einen Dichter gegeben hat, der zwischen seinem 60. und seinem 70. Lebensjahr so erstaunlich produktiv gewesen wäre wie dieser, wenn nicht buchstäblich letzte, so doch bedeutendste Überlebende der expressionistischen Generation. Was die *Stimme hinter dem Vorhang* betrifft, so scheint sie an sprachlicher Frische, ja Keckheit hinter dem *Weinhaus Wolf* keineswegs zurückzustehen, auch die prägende, sammelnde Kraft der expressiven Höchstleistungen, in denen der Durchbruch in die „absolute Prosa" gewagt wird, ist nicht geringer geworden: „Wildkatzen, betrunken vom Saft der Tollkirsche, schreien, heulen, torkeln — wohin blickst du? In Dinge, die du niemals warst, niemals wirst, du reichst nicht hin — Welten von solchen Dingen — unerträglich . . ."

Wieder wird die „Lage" erörtert, diesmal von einer Reihe von Stimmen, die teils mit Eigennamen, teils als numerierte Beispiele eingeführt werden. Sie haben sich vor einer womöglich höheren Instanz zu bezeugen, die als Stimme „hinter dem Vorhang" am Gespräch beteiligt ist und es gelegentlich mit warnenden Glockenzeichen unterbricht. Dies Wesen wird als „Großer Vater" angeredet, man hat wohl etwas wie eine ironische Transfiguration eines göttlichen Souveräns darunter zu verstehen. Der wahre Namen ist streng verpönt, er erscheint zweimal in sonderbarer Abkürzung als „G . . .", ist also zum Tabu geworden und an jene Stelle getreten, wo einst, in sittenstrengen Romanen des 19. Jahrhunderts, der „T . . ." zu finden war. Die spezifische Thematik von *Weinhaus Wolf* klingt nur noch gelegentlich an („Kriege", „soziale Ordnung", „als ob der Mensch so angelegt wäre, daß bei ihm alles schiefgeht"); was im Augenblick besonders interessiert, ist die Unsicherheit und Orientierungslosigkeit, wenn nicht geradezu Situationslosigkeit des zeitgenössischen Menschen der europäisch-amerikanischen Zivilisation, das „große Durcheinander", das „Tohuwabohu" seiner Bewußtseinsinhalte: „Ein Gewimmel von Gedanken, Thesen, Strebungen und keine Antwort." Das Sinnbild dieser Lage ist die Sonntagszeitung, dieses für

Benn stets faszinierende Chaos von Meinungen, Nachrichten, Quisquilien, X-Beliebigkeiten. So gleichgültig, absurd, sinnlos das alles sein mag, so ist es doch voller „Inhalte", und „wir bedürfen der Inhalte, wenn wir weiterwollen". Die dialektische Doppeldeutigkeit des Begriffs „Inhalt" wird hier ganz klar herausgearbeitet. Alle Inhalte als solche verfallen der nihilisierenden Ironie; als „Details" aber, als provozierende Anlässe für das künstlerische Formvermögen sind sie von entscheidender Relevanz. In diesem Sinne hatte sich Rönne als einen „Flagellanten der Einzeldinge", der Autor von *Weinhaus Wolf* als einen „Sachbearbeiter von Wirklichkeiten" verstanden. Der Leser der Sonntagszeitung nennt sich „Radardenker" und „Autobrodler", auch „Mann am Fenster" und „Gedankengänger im Eigenheim". Sein Programm ist: „Auf die Straße sehn, sich einstellen auf gewisse Einzelheiten, aber sofort zurück in die Mansarde."

Die Antwort, nach der der desorientierte, mit Bewußtsein überfüllte Mensch unserer Tage verlangt — von der Stimme hinter dem Vorhang, glaubt Benn, wird er sie vergeblich erwarten. All sein Fragen, all sein verzweifelt aufzüngelndes Sinnverlangen wird mit einem erbarmungslosen „was soll denn sein!" in die Schranken gewiesen, schließlich brutal niedergebrüllt. „Der Alte", so heißt es gegen Ende des Dialogs, „hat uns auch im Stich gelassen, die Lage ist bitter." Wenn es eine gültige Auskunft überhaupt gibt, so ist es Sache des formenschaffenden Künstlers, sie zu formulieren. Er stellt die Ausdruckswelt, die seinen Nihilismus „überdeckt", aus sich heraus: die Antwort des menschlichen Geschlechts auf die qualvolle Herausforderung der Geschichte wird, wie André Malraux einmal bemerkt hat, ein „Volk von Statuen" sein. Mit übermenschlichen Instanzen ist hier nicht mehr zu rechnen. Daher gilt die Devise: „Im Dunkel leben, im Dunkel tun, was wir können."

Hans E. Holthusen

INHALT

In Reclams Universal-Bibliothek ist außerdem erschienen:

Gottfried Benn, Gehirne.

Novellen. Textkritisch hrsg. von Jürgen Fackert. 9750

Der »Rönne-Komplex«, die frühen Erzählungen (1916) von Gottfried Benn, sind für den literarischen Stil des Expressionismus symptomatische Stücke. Die Polarität von Realitätsverlust und Gewinn neuer Realität, die das große Thema dieses Novellenzyklus ist, bleibt zudem bestimmend für das Gesamtwerk Benns. Auf das Erlebnis des Realitätszerfalls gründet sich seine ästhetische Metaphysik: durch das Wort, die Chiffre, Leben und Sinn zu wahren, wenn äußere Welt verlorengeht. Die Novellen werden hier in einer historisch-kritischen Edition vorgelegt, dazu mit einer ausführlichen Interpretation.